U0948678

你站在金字塔的第几层

毕淑敏 著

CNS PUBLISHING & MEDIA 中南出版传媒
湖南文艺出版社
HUNAN LITERATURE AND ART PUBLISHING HOUSE
博集天卷 CS-BOOKY

体味经典的重量

散文卷再版序

我是从当医生开始频繁地使用文字，那时每日要写病历和死亡报告等医疗文书。那种文字必定是客观、安静、恭谨与精确的描述。文字的应用，说简单，真是再家常不过了。你可以没有一寸土地，没有一颗粮食，但你依然可以拥有语言和文字。书写这件事的最低要求，是要让别人明白你的意思。高一些的要求，是要把你的意思说得尽可能引人共鸣。这是尚未过时的需要苦修的教养，是一个人思维本质的外化。如同习武之人对剑技和刀法的淬炼，你得日日潜心钻研。

多年前，我在北京郊区的农村买了几间小房，院子空荡荡，有野鼠出没（常常希望有狐，可惜没见过）。到了初春，植树节后，我从苗圃买回两棵梧桐树。它们，光秃秃的，又细又轻，不见一丝绿意，活像搭蚊帐的旧竹竿。我挖了宽敞的坑将它们的根须埋下，底部还施了从集市买来的麻酱渣。我先生说，这地方咱也没有产权，人家说不定哪天就收回去了，似不必如此上心。我说，就算人家把房子收了，这树也依然会生长。我们还是善待它们吧。

我以前知道法国梧桐叫悬铃木，觉得起这名字的人富有想象力和诗意。待自己植了这树，才发现它们的果实真是太像悬挂的小铃了。再呆笨的人，也会让它们拥有这个名字。不知道是不是我那两桶麻酱渣滓的效力，梧桐树发愤图强努力长大，几年的工夫，已经有四层楼高了，皮青如翠，叶缺如花。阔大的叶子像相思的巨手，每晚都在风中傻呵呵地为自己鼓掌。秋天的时候，它们会结出圣诞铃铛般的果实，自得其乐地晃荡着，发出我们听不见的叮当之响。阳光透过叶子抛洒在地面上，红砖墁砌的地就被染上点点湿绿，重叠成深沉的暗咖色。我懊恼地想，早知道梧桐绿得这样狠，不如当初垫了灰蓝的砖，索性让它们碧成一坨，比如今这般缠丝玛瑙似的绞着好。

突然，我看到头顶的斑驳中有一只清爽的鸟，在绿叶中跳跃，好像在和另外一只鸟捉迷藏。细细看去，其实并没有另外一只鸟，它是单身。但如果没有另外一只鸟，它如此执着地在我家悬铃木上钻来掠去，是何用意呢？想起“却是梧桐且栽取，丹山相次凤凰来”，莫非凤或凰的雏鸟被我家的梧桐引了来？成年的它们是绚彩的，不知幼小时也曾披过素衣？

人无法猜透一只鸟的心思，就像我们无法洞彻人生。不像梧桐是先知先觉的，它和秋天有秘密的联络孔道。要不，怎么会“梧桐一叶落，天下皆知秋”呢。

好几天，那鸟不辞劳苦地穿行于我家的悬铃木间，看得出它更属意东面的那一棵。我现在已经辨认出它是一只喜鹊，不是那种灰头土脸、吃松毛虫的小个子灰喜鹊，而是眉清目秀、黑白相间的长尾巴花喜鹊。

它来我家的时候，像一架民航货机，滞重迟缓载着货物；飞离的时候就一身轻松，活泼轻快，赶路匆匆。它确实是有伴的——另一只花喜鹊，黑和白的部分似乎均比早先这一只更大更鲜明，许是一只雄鸟吧。当我确认它们是一家之后，也就知道了它们的用意。两只喜鹊每天辛辛苦苦地衔来各色树枝，是要在悬铃木上搭一巢穴，迎接新生命的降生。

一只喜鹊窝，要搭建多少枝条？要衔来多少草梗？要倾注多少气力？要呕沥多少心血？要耗费多少光阴……

听到我自言自语，路过的原住民老婆婆说，喜鹊选搭窝的地方时可心细呢。天上头要没有北风，地下面要没有凶兆，远处要没有打扰，近处要没有响动……最用心的窝，喜鹊要啄下身上的羽毛，铺垫得暖暖和和，小喜鹊孵出来后才活蹦乱跳。

我没见过自拔胸羽的喜鹊，这两只鸟好像也没有这般忘我。但我不得不信老婆婆的话。她说这些话的时候，摇晃着满头坚硬的白发，配着漆黑的旧衫，目若朗星。我疑心她在以往的哪一辈子曾做过鹊妖。

等着听小喜鹊叫吧。早报喜，晚报财，不早不晚报客来。她胸有成竹地说，好像未来的小喜鹊是她派往我家的儿童团。

为了节省喜鹊夫妇的时间，我约莫了一下它们搭巢所需建材的长短，捡了一堆草梗和树枝放在院子里，期望它们就地取材。但喜鹊夫妇胸中自有拟好了的蓝图，有我们不知的选材标准，对此视而不见，依然辛辛苦苦地到远处去衔枝。它们不屑。

鹊巢终于搭好了，小喜鹊在这里降生，一窝又一窝。

在两棵梧桐树和喜鹊家族的陪伴下，我写下了收入这套文集散文卷中的很多作品。我用时间的树枝搭起了这个文字的喜鹊窝。喜鹊本是单调的凡鸟，只有黑白两色，全无时尚的外观。它的窝也是粗糙和朴素的，甚至有一点边设计边施工的乱七八糟。不过，我在这个窝中垫入了一缕缕羽毛，它们来自我沧桑的岁月和我温热的心房。

毕淑敏

2012年7月27日

目录

鸟瞰埃德蒙顿

北极光给人的感动，是突如其来的狂喜和感大动地的震慑，加拿大艾伯塔省省会埃德蒙顿留给我的冬日怀想，是清冷的安宁和无以言说的静谧。

下雪了，加拿大的冬天，必然该有雪的，犹如真正的海要有惊涛。艾伯塔省的雪是绵软的，带着轻薄的鞘，好像一种来自上天的昆虫。它们自由自在地飞舞，降落在大地、树梢、城堡、木屋和人们的肩头，让埃德蒙顿如同种了千百万棵梨花盛开的树。为了鸟瞰埃德蒙顿的全景，我们登上了全市第二高的建筑。保安队长领着我们不断攀登，用粗大的钥匙打开一层层厚重的铁门。

终于，我们站到了距地面150米高的顶楼之上。这里通常不是一个景点。

那一刻，四周寂寥无声。汽车和行人的喧嚣已匍匐在脚下如峡谷般的深底之街上，头上是苍凉云天，蕴含着雪花的千军万马。四周是林立的大厦，玻璃幕墙闪着孤寂而带有虹彩的光。远方，是涟漪般散去的民居。在更远的地方，是天和大地的缀连处，由细密的森林用灰绿的针脚缝缀而起，浑然天成。

我们渴望城市，我们又留恋乡村。埃德蒙顿的建设把这两者结合起来，人们在享受现代文明的便捷之时，依然偎依在大自然的臂弯里。

而这一切，并不是偶然的，来自周密的设计。埃德蒙顿市早有规定，除了市中心，不得在郊区建造高楼。这就使得埃德蒙顿至今保留着完整圆滑的360度地平线，令人心旷神怡。

人类是需要常常看见地平线的。那让我们有一种与大地同在的踏实感。它提示我们在琐碎的生活之外，还有一个博大的存在，可以承载我们的身体和心灵。

埃德蒙顿把高度繁华的城市建设与自然的生态环境完美结合在一起，不仅符合建筑美学，而且和人类生存的深层渴求共振。人类是自然之子，如果长期和大自然相隔绝，在单调、鼓噪、僵硬、刻板的人工建筑中踯躅，喝添加了氯化物的水，呼吸被空调设备循环往返无数次的空气，饮下农药和化肥，吞入各种各样的工业原料……就违背了人类几百万年以来进化的基本大法，它不仅仅是不自然的，而且是不人道的。那种总是两点一线或三点一线的生存方式，缺少大自然月朗风清的抚摸，缺乏太阳炙热而光明的照耀，呼吸不到由青葱的树木刚刚制造出来的新鲜氧气，喝不到由无数沙岩缓缓滤过的甘甜泉水……我们的身体和灵魂，会一道萎靡、羸弱、发霉、凋零。

人是活在关系中的群居动物。人的一辈子，说穿了，有三种关系像轴心一般，指挥着我们围着它打转。第一种是人与自然的关系，第二种是人与人的关系，第三种是人与自我的关系。如果你远离自然，那这第一种关系的纤绳已咔嚓断裂。据美国科学家研究，世界上最幸福的城市，有一个显著的特点就是那里的人们可以随时拥抱大自然。和大自然的隔膜，是现代人的悲剧之一。

说到人与人的关系，这是一个大题目。先说一个和空间有关的小试验，科学家们证实，当笼子中的小白鼠密度太高时，即使终日提供足够的食物和饮水，小白鼠们也会因拥挤而产生焦虑，之后发生剧烈冲突，彼此咬断对方的尾巴，攻击行为不断，自相残杀，鲜血淋漓……人也难逃这个规律。

说到人与自我的关系，当现代人无法应对越来越频繁的压力，难以有效地调试心境时，就很容易患上抑郁症。

我特别问询了艾伯塔省抑郁症情况，得到的答案是发病率很低。埃德蒙顿第二高楼之上的俯瞰，给了我很好的启示。在中国现代化的进程中，我们要在城市建设中，为人们最大可能地保存大自然的原生态，让我们一眼望去，可见到更多的绿色、蓝色和五颜六色的花，可以与广袤的地平线同在。

刚才提到带领我们来到顶层的人，是大厦的保安队长。他和想象中刻板严厉的保安队长大不同，相貌绅士，服装整洁，而且业余爱好十分丰富，酷爱跳伞和摄影。

我对跳伞十分好奇，问，你是从自己守卫的这座大厦往下跳吗?

他微微一笑，说，这个高度可不够，我是从飞机上往下跳。纵身一跃的时候，感觉像鸟一样自由自在，烦闷就被高空的风吹走了。

我说，那么你不能跳伞的日子，有了烦闷怎么办?

他说，很好的问题啊。在不能跳伞的日子，如果烦闷了，我就爬上这座高楼，一一打开通往大厦顶层的门，独自来到这里，极目远眺。看到一个广大的存在，心情就渐渐放松了，你所感到的压力，和这么大尺度的空间相比，算不了什么。一切烟消云散。

那一天很长时间，我都站在大厦顶上，眼眸毫不聚光地朝向远方，与地平线相交。冰凉的雪片落在睫毛上，化作细碎的水滴。

你站在金字塔的第几层

美国心理学家马斯洛有一段名言："如果你有意地避重就轻，去做比你尽力所能做到的更小的事情，那么我警告你，在你今后的日子里，你将是很不幸的。因为你总是要逃避那些和你的能力相联系的各种机会和可能性。"每逢读到，我总是心怀战栗地感动。

一个人就像是一粒种子，天生就有发芽的欲望。只要是一颗健康的种子，哪怕是在地下埋藏千年，哪怕是到太空遨游过一圈，哪怕被冰雪封盖，哪怕经过了鸟禽消化液的浸泡，哪怕被风刀霜剑连续斩杀……只要那宝贵的胚芽还在，一到时机成熟，它就会在阳光下探出头来，绽开勃勃的生机。

现代心理学有很多精彩的论证，这些论证不能像实证的物理、化学，拿出若干铁一般的证据，心理学的很多假说建立在对人的行为的推断和研究之上，被千千万万的人所证实。

马斯洛先生所创建的人的基本需要的“金字塔”理论，就是这样一个伟大的学说。他研究了很多人的行为和动机，特别是那些自我实现程度很高的人，之后得出了一个结论。简言之，就是在我们人类的精神内核中存在着一个内在需要的金字塔，分成了五个台阶。

在第一个台阶上，是我们的温饱需要——最基本的生存之道。饥肠辘辘，你今晚吃什么饭？是人的第一考虑。寒冬腊月，你今夜睡在哪里？是火车站的长凳还是马路上的水泥管？这都是头等大事。

当这个需要满足之后，紧接着就是安全的需要了。你有了吃、有了住，你今天的生命有了保障，可是如果你被其他的人或动物或自然界的恶劣条件所侵犯，你远期的生命就陷在水深火热之中了。因此，一旦温饱不成问题，人马上就考虑安全系数。这一点，如果你不相信，尽可以放眼看去，马上能看到富人区森严的安保设施和世上风行的形形色色的自卫器械。当你从一个熟识的环境换到一个新环境，那种不安和紧张，与陌生人交谈时的畏葸和不自在，如此等等，都从另一个方面证实了安全对人的重要性。

现在我们已经到了金字塔的第三台阶。在这个台阶上大大地写着“爱”。这不仅是男女之爱、亲子之爱、手足之爱……这些源于血缘和繁衍的爱意，还有同伴之爱、集体之爱、祖国之爱、民族之爱、文化之爱……总之，这里所提到的“爱”，有着宽泛的含义，但它是那样不可或缺，是人类精神活动的高级需要。我们常常说，一个不懂得爱的人是灰暗和孤独的。也就是说，人的精神需要如果不能完成这种超越和提升，就是饱含瑕疵的半成品。

爱之高处，就是尊严感了。人是一种特殊的动物，人是有尊严感的。一只虫子可以没有尊严，一株树木可以没有尊严，但是一个人不是这样。如果丧失了尊严感，那就不是一个完整的人了。中国的古话里有“不吃嗟来之食”，有“士可杀不可辱”，有“君子一言，驷马难追”，等等，讲的都是尊严的问题。

在金字塔的最高点，屹立着自我价值的体现和追求。什么是自我价值的最高体现——那就是充满了创造性的劳动。我以为劳动是有高下之分的，不是指在价值层面上，而是指在带给人的由衷喜悦程度上。你可以想象并同意，一个科学家在得不到任何报酬的情形下，不倦地研究某一个与现实相隔十万八千里的学术问题，比如“哥德巴赫猜想”，为自己换不到一块窝窝头，但毫无疑问陈景润乐在其中；你基本上不能同意一位老农在得知三年没有人收购麦子的情况下，除了自己够吃之外还会不辞劳苦地广撒麦种。在前者，创造性的劳动里面蕴含着极大的挑战和快乐；在后者，则充斥着重复性劳动的艰辛和疲惫。

人类精神需要的金字塔，在某种意义上讲，是一种铁律，几乎是不可逃避的。当然，我们不能想象一个人在自己的温饱都得不到保障的时候，能够像斯蒂芬·霍金那样去研究宇宙大爆炸这样的问题。这也就是鲁迅先生所说的：年轻人，一是要生存，二是要发展。有一个顺序，有孰先孰后的问题。在解决了温饱和安全这些最基本的生存需要之后，你必定要不满足，你必定要有新的追求。人类精神发育的法则，你是绕不过去的。你吃得饱了，你睡得暖了，你有大房子了，你安居乐业了，你很有安全的保障了……可是，我敢说，在心底最深邃的地方，你有火焰一样的躁动，你如果无法满足它，你就没有恒久的快乐。

让我们回到本文开端所引用的马斯洛的那段话。你以为你逃避了风险，你以为你躲避了责任，你以为你成功地掩饰了自己的才华，你以为你心甘情愿地收敛包裹自己，你就可以在人们的艳羡之中安安稳稳地过一生了吗？我相信，你可以用奢华的装备和风流倜傥的举止成功地欺骗几乎所有的人，包括和你至亲至爱之人，但是，每每月朗星稀之时，你永远欺骗不了的一个人，就会在你独处的时候顽强地站在你的面前，拷问你、鞭挞你、谴责你、纠正你……这个人不是别人，正是你自己！由于每一个人都是那样与众不同，由于你所具有的内在生命力一直在熊熊燃烧，所以，当你完成了自己人生的台阶之后，你就要向上攀登。你只有在这种不倦的探索中才能丰富自己的人生，才能得到生命的欢愉，才能感觉到自己内在的充实和价值。

人是追求创造性快乐的动物，如同飞越大洋的候鸟脑内的罗盘，掌控着我们的一系列选择和决定。你一生将成为怎样的人？在你的价值体系里是怎样的顺序？这些看起来很浩大很空茫的标准，实际上很细致地决定着我们工作、学习、生活的各个层面。

记得我在北大讲演的时候，有同学递上来一张字条，上面写着："我智商很高，从小到大一直是班干部，考上北大更证明了我的实力。只要我愿意，继续读硕士和博士都不成问题。你说，我选择金钱作为我一生奋斗的目标，你看怎样？"我把这张字条念了。我说，我很感谢这位同学对我的信任，人生的价值是多元的，以金钱为自己终生的奋斗目标，也大有人在。但我以为，金钱只是手段，在它之后，还有更为深远的目标在导引着你。如果你唯钱是图，那么，你的周围将没有真正的朋友。因为古往今来，已经无数次地证明了，在金钱的旗帜下会聚拢来很多无耻小人。同时，你很可能得不到真正的爱情。因为爱情可以被金钱出卖，却不可被金钱所购买。那个爱上你的人，有可能不是爱你本人，而是爱上了你的信用卡。如果你把金钱当成了证明你的自我价值的工具，我要说，除了单一和狭隘，还有一种盲从，你用世俗的标准代替了内在的准星。

我翻阅了几期《华融之声》，看到华融人的志气和理想。谈到从工商银行调到华融来的理由，最主要的是期望自己的能力得到更好的发展。我觉得这是很好的理由，是内心和外在的统一，是朝着自我实现路上的迈进。当然了，自我实现的路，绝不会是一帆风顺的。我们常常会遭遇到挫折和失败，但人生的价值并不在于永远是胜利和成功，而在于这个过程当中我们得到了独一无二的属于自己的体验。在生存之道解决之后，在工作中得到乐趣，就是一个极好的选择。要知道，我们每个人，一生用于工作的时间大于七万小时。可不要小瞧了这七万小时，如果你是在快乐和创造中，你是在寻找自我价值的挑战中，你的人生就会过得很充实。如果你只是为了更多的钱、更宽敞的房子、更多的应酬和名声上的虚荣，你将在七万小时甚至更多的时间里委屈着自己，扼杀着自己，毁灭着自己的自由。

我在美国印第安人的保留地遇到一位印第安族的心理学家。她说，在我们古老的印第安人那里，有一个风俗，即使自己的温饱没有解决，我们也会用自己的食物拯救他人。因为，对我们来说，帮助别人是精神的传统。我并不是要挑战马斯洛，我只是说，精神有时比肉体更重要。

这是那位印第安族心理学家最后留给我的话。

翡翠菩提

在南亚某国王宫，供着一块美丽的翡翠菩提叶。它晶莹剔透，翠绿欲滴，没有丝毫杂质。最为奇特的是，在这块菩提叶中可见到清晰的脉络，丝丝缕缕渗透叶心，与真叶毫无二致。阴天时，若把它挂在御花园的树上，凭你火眼金睛，也找不到翡翠的踪影。不过别急，只要太阳一闪，你就立刻能发现它。它倾泻出的莹莹碧光把树荫全部染绿了。

翡翠菩提有一段故事。

一户贫苦山民，靠种菠萝为生。父亲对儿子莫罕说，祖上赶过马帮，到北方贩卖杂货。一次返程的时候，因为马背两边的分量不均，老祖爷就随手捡了一块石头，压在驮篓的一边。回来后，有人识货，说那石头原是一块翡翠，卖了个好价钱，祖爷才娶了祖奶，有了咱这一支人。

莫罕说，我要到北方去寻翡翠。

老父说，多少人都去找过翡翠。空手而归算好的，数不清的人死在了路上。

莫罕说，找不到翡翠，我不回来见您。

莫罕攀过无数大山，蹚过无数红水河，终于找到了一座山。山主说，山洞里，可能藏有翡翠。你给我挖矿石，干得好，年底我付给你一块矿石做工钱。

莫罕说，矿石就是翡翠吗？

山主说，小伙子，那就看你的运气了。矿石被一层砂皮包着，谁也不知道里面藏的是什么。挖翡翠是要赌的。挖宝的人挤破头。不干，滚下山吧。

莫罕留下来了。矿洞窄得像个蛇窟，艰辛危险。到了年底，山主说，我说话算话，你拣一块矿石吧。

莫罕挑了一块鹅蛋大小的矿石。他本想揣着矿石回家，但若万里迢迢赶回去，把矿石一打开，里面是普通的石头，老父该多失望啊！他就留了下来，一年后又得到了一块矿石。

矿石中含有翡翠的机会，也许只有万分之一。莫罕害怕无功而返，埋头干了十六年。

他决定回家。矿石装进麻袋，沉甸甸的如同金子。

山主说，你这样走远路，太不方便了吧？我帮你把矿石解开。是石头，你就扔掉；是翡翠，你就揣走。

莫罕答应了。

山主将矿石一块块解开。第一块是石头，第二块是石头，第三块还是石头……一直解了十四块，满地碎石。

山主说，你的手气太糟了。最后这两块矿石，算你卖给我好了。一块石头的钱，够你路上的盘缠。还有一块石头的钱，够你回家盖一间草房。

莫罕说，老爷，谢谢你的好意。但是，我只卖一块矿石。剩下的那一块，我要带回家，让我的老父看一看。

山主给了莫罕一块石头的钱，然后把莫罕退回来的那块矿石解开。随着工具的响声和砂皮的脱落，一块蓝绿如潭水的蛋形翡翠显现在大伙面前。

莫罕在众人的惊叹和惋惜声中头也不回地上路了。集市上，他看到一只巨大的蜥蜴被人耍着叫卖。他说，为什么不放它回竹林？

那人说，你买了，就能把它放回竹林。如果你不愿放走它，也可以用它的肉熬汤。

莫罕看到绿色的蜥蜴眼里哀怨的神色，动了恻隐之心，把仅有的盘缠掏出来，买下了巨蜥。到了竹林，他把巨蜥放生了，自己吃野果回家。没想到巨蜥不肯远离，总是伴他身边，夜里绕他而眠，保护他不受猛兽的袭扰。巨蜥看起来笨重，其实在丛林和山地爬行得很快，简直是草上飞。

莫罕回到家，父亲已经垂垂老矣。

“爸爸，我带来一块可能是翡翠的石头，和当年我们的老祖一样。明天，当着乡亲们的面把它解开吧。如果是翡翠，全村的人都有一份。”莫罕说。

“孩子，你回来了，这比什么翡翠都好啊。”父亲摸着矿石说。

第二天，乡亲们预备好象脚鼓，一旦翡翠现身，就敲鼓庆贺。没想到，万事俱备，矿石突然找不到了。于是有人说，什么矿石啊，出外鬼混了十几年，做梦吧！老父不停地解释——我看到了那块石头。可是没人信他的话。

莫罕想了很久，好像找到了答案，可是他什么也不说。

由于长年劳苦跋涉，莫罕病了。他为了弥补自己不在家时对老父的歉疚，加倍干活。他的病越来越重了。有人说，把巨蜥斩了熬汤吧，大补元气。莫罕说什么也不肯。

莫罕临死对老父说，求您一定善待巨蜥。如果它不肯走，那就等它寿终，才可把它剖开，埋在我的身边。

莫罕逝后，巨蜥不吃不喝，守候在莫罕的坟墓旁，几年以后，干瘦得如同一卷柴火，在一个夜晚悄然死去。

老父把巨蜥剖开，在它的肚腹里看到了一块硕大的翡翠。由于体液的腐蚀，矿石砂皮已完全剥落，露出了晶莹无瑕的质地。肠胃的蠕动，把翡翠切割成了菩提叶子的吉祥形状。巨蜥最后绝食绝水，内脏干枯，紧紧包裹着翡翠，镌刻下精巧的纹路，如同菩提叶子的叶脉。

后来，国王得知了这件奇事，给了山里人很多粮食和布匹，换走了莫罕老父的珍宝。

从此，寨子里的人都迁到城里了。只有一个孤独的老人伴着一座大的坟墓和一座小的坟墓，在菠萝地里恒久地守望着。

柱子的弹性

有一个故事，说的是一根柱子，一根三百年前的柱子。那根柱子很坚固，支撑着一座宏伟的大厅。那座大厅很大，大到修建的时候没有人相信一根柱子就能支撑起沉重的穹顶。年轻的建筑师用了种种科学方程式来证实他的这根柱子是何等牢靠和坚固，足够应用。人们虽然不能反对他的公式，却可以反对由他来担当这座市政大厅的总设计师。

年轻的设计师面临一个选择。如果他坚持他的设计，他的设计就永远停留在纸上了。如果他变更他的设计，人们就看不到这根独撑穹顶的柱子了。设计师沉吟再三，修改了他的图纸，又添加了四根柱子。人们对这个更加稳妥的设计拍手叫好，据此建起了壮丽的大厦。

很多年过去了。年轻的设计师变成了墓碑，大地震袭击了城市。很多建筑都倒塌了。唯有具有五根柱子的市政大厅依然巍峨耸立。人们说，幸亏有五根柱子啊！

终于到了维修的时刻。人们惊讶地发现，除了最早设计的那根独撑天下的柱子，其余的四根柱子距离穹顶都有一道窄窄的间隙。也就是说，它们并不承接穹顶的重量，只是美丽的摆设。

于是人们惊叹这匪夷所思的设计，给予设计者以排山倒海的赞美。回答他们的只是墓草的摇曳。

设计师没有收获生前的称誉，但他收获了一根柱子。设计师是可以怒发冲冠一走了之的，但为了他的柱子的诞生，他妥协和避让了。设计师是可以在事成之后即刻就公布他的计谋的，但为了他的柱子无可辩驳的质地，他保持了宁静的缄默。设计师是可以在一份遗嘱或一部著作中表达他的先见和果敢的，但为了他的柱子的荣誉，他不再贪恋丝毫的浮华。设计师为了他的柱子，隐没在历史的尘埃中。

这是一根有弹性的柱子。它的设计者把自己的性格赋予了它，于是柱子比设计师活得更长久。

人可以最大限度地逼近真实

朋友给我讲过这样一个故事。

他祖父小的时候很聪明，也很有毅力，学业有成，正欲大展宏图之际，曾祖将他叫了去，拿出一个古匣，对他说，孩子，我有一件心事，终生未了。因为我得到它们的时候，一生的日子已经过了一半，剩下的时间不够我把它做完了。做学问，就要从年轻的时候着手，我要是交给你一件半成品，不如让你从头开始。

原委是这样的。早年间，江南有一家富豪，酷爱藏书。他家有两册古时传下的医书，集无数医家心血之大成，为杏林一绝。富豪视若珍宝，秘不传人，藏在书楼里，难得一见。后来，富豪出门遇险，一位壮士从强盗手里救了他的性命。富豪感恩不尽，欲以斗载的金银相谢。壮士说，财宝再多、再贵重，也是有价的。我救了你，你的命无价。富豪说，莫非壮士还要取了我的命去？壮士大笑说，我不是要你的命，是想用你的医书救普天下人的性命。富豪想了半天，说，我可以将医书借给你三天，但是三日后的正午，你必得完璧归赵。说罢，命人从嵯峨的木制书楼里，将饱含檀香气味的医书捧了出来。

壮士得了书后，快马加鞭急如星火地赶回家，请来乡下的诸位学子，连夜赶抄医书。书是孤本，时间又那样紧迫，荧荧灯火下，抄书人目眦尽裂，总算在规定时间之内依样画葫芦地描了下来。壮士把医书还了富豪，长出一口气，心想，从此以后便可以用这深锁在豪门的医学宝典造福于天下黎民了。

谁知，抄好的医书拿给医家一看，才知竟是不能用的。医家以人的性命为本，须严谨稳当。这种在匆忙之中由外行人抄下的医方，讹脱衍倒之处甚多，且错得离奇，漏得古怪，寻不出规律，谁敢用它在病人身上做试验呢？

壮士造福百姓之心不死，急急赶回富豪家，想晓以大义，再请富豪将医书出借一回，这一次，请行家高手来抄，定可以精当了。当他的马冷汗涔涔到达目的地时，迎接他的是冲天火光。富豪家因遭雷击燃起天火，藏书楼内所有的典籍已化为灰烬。

从此这两册抄录的医书，就像鸡肋，一代代流传了下来。没有人敢用上面的方剂，也没有人舍得丢弃它。书的纸张黄脆了，布面断裂了，后人就又精心地誊抄一遍。因为字句的文理不通，每一个抄写的人都依照自己的理解，将它订正改动一番，闹得愈加面目全非，几成天书。

曾祖的话说到这里，目光炯炯地看着祖父。

祖父说，您手里拿的就是这两册书吗？

曾祖说，正是。

祖父说，您是要我把它们校勘出来？

曾祖说，我希望你能穷毕生的精力让它死而复生。但你只说对了一半，不是它们，是它。工程浩大，你这一辈子，是无法同时改正两本书的。现在，你就从中挑一本吧。留下的那本，只有留待我们的后代子孙再来辨析正误了。

祖父看着两本一模一样的宝蓝色布面古籍，费了斟酌，就像在两个陌生的美女之中挑选自己的终身伴侣，一时不知所措。

随意吧。它们难度相同，济世救人的功用也是一样的。曾祖父催促。

祖父随手点了上面的那一部书。他知道从这一刻起，这一个动作，就把自己的一生同一方未知的领域，同一个事业，同一种缘分，牢牢地粘在一起。

好吧。曾祖把祖父选定的甲册交到他手里，把乙册收了起来，不让祖父再翻，怕祖父三心二意，最终一事无成。

祖父没有辜负曾祖的期望，皓首穷经，用了整整半个世纪的时间，将甲书所有的错漏之处更正一新。册页上临摹不清的药材图谱，他亲自到深山老林一一核查。无法判定成分正误的方剂，他采集百草熬药炼成汤，以身试药，几次昏厥在地。为了一句不知出处的引言，他查阅无数典籍……那册医书就像是一盘古老石磨的轴心，天文地理，古今中外，凡是书中涉及的知识，祖父都用全部心血一一验证，直至确凿无疑。祖父的一生围绕着这册古医书旋转，从翩翩少年一直变作鬓发如雪。

按说祖父读了这许多医书，该能成为一代良医。但是，不。祖父的博学只为那一册医书服务，凡是验证正确的方剂，祖父就不再对它们有丝毫留恋，弃而转向新的领域探索。他只对未知事物和纠正谬误有兴趣，一生穷困艰窘，竟不曾用他验证过的神方医治过病人，获得过收益。

到了祖父垂垂老矣的时候，他终于将那册古书中的几百处谬误全部订正完了。祖父把眼睛从书上移开，目光苍茫，好像第一次发现自己已走到生命的尽头。

人们欢呼雀跃，毕竟从此这本伟大的济世良方可以造福无数百姓了。

但敬佩之情只持续了极短的一段时间。远方发掘了一座古墓，里面埋藏了许多保存完好的古简，其中正有甲书的原件。人们迫不及待地将祖父校勘过的甲书和原件相比较，结果是那样令人震惊。

祖父校勘过的甲书，同古简完全吻合。

也就是说，祖父凭借自己惊人的智慧和毅力，以广博的学识和缜密的思维，加之异乎寻常的直觉，像盲人摸象一般在黑暗中摸索，将甲书在漫长流传过程中产生的所有错误全改正过来了。

祖父用毕生的精力，创造了一个奇迹。

但这个奇迹，又在瞬忽之间烟消灰灭，毫无价值。古书已经出土，正本清源，祖父的一切努力都化为劳而无功的泡沫。人们只记得古书，没有人再忆起祖父和他苦苦寻觅的一生。

讲到这里，朋友久久地沉默着。

古墓里出土了乙医书的真书吗？我问。

没有。朋友答。

我深深地叹息说，如果你的祖父在当初选择的那一瞬间挑选了乙书，结果就完全不一样了啊。

朋友说，我在祖父最后的时光也问过他这个问题。祖父说，对我来讲，甲书乙书是一样的。我用一生的时间说明了一个道理，人只要全力以赴地钻研某个问题，就有可能最大限度地逼近它的真实。

祖父在上天给予的两个谜语之中随手挑选了一个。他证明了人的努力可以将千古之谜猜透。

这已经足够。

草原上的猎人树

在内蒙古草原一处叫作“嘎拉德斯太”的小站下车，住进铁路旅社。安顿好行李，进卫生间洗脸，发现一桩在别的客站里从未享受过的待遇。

一南一北，摆了两个硕大的浴缸。小小的卫生间因此挤得满满的，洗漱台上连放牙膏的地方都仄窄不堪。更令人诧异的是，浴缸里注满了淡黄色的水，散发着怪异的气息。

原来这“嘎拉德斯太”是蒙语“热泉”的意思，这个小镇的汉语名就叫作“热水汤”。浴缸里的水就是药物温泉。那水涌出时高达八十多摄氏度（当地老乡用它直接给过年猪煺毛），必得兑了冷水才可洗浴。这样一来，就有矛盾了。冷水没有药性，会降低疗效。于是，旅店立下好客的规矩——每天早晨在浴缸里接下热泉，凉凉了，以款待远方的旅人。

因水中富含硫黄和氡离子，所以有特别的气味和颜色，能治风湿症、高血压、皮肤病、关节炎、美容美发……

推开窗，草原的风很猛烈地扑你满怀。屋后的小山坡上，有一棵树上系着密集的红飘带，被秋风撕成弯曲抖动的火焰状，犹如一位魔女摇晃着红发。

浸到水中洗浴，阻力分外大，好似一池黏稠的蜂蜜，同时又是爽滑波动的，如蛋清般晶莹透彻。当你把整个身体浸泡其中的时候，觉得自己变成一块小小的卵石，圆润菲薄，可以沿着水面轻盈地点着水，无限度地滑翔，旋出无数水漂……当你举起手臂的时候，仿佛有透明的水帘悬挂在肌肤上，随着你的手指轻轻飘荡。手若再抬高，水帘只有无可奈何地滑下，油滴般地坠入水中……被水柱溅起的味道，人嗅了有些紧张，不由得联想起岩浆和火山爆发。

未施任何洗剂，出浴后头发竟像缎子。每一根细丝，再不是被城市荼毒了的焦渣，而像是从野生紫貂那里借来的毳毛。于是忙问服务小姐，此水的奥妙何在？

小姐说，你从后窗看到那棵披红的树了吗？很久很久以前，草原上有一个高大威猛的猎人。有一天，他碰到了一只受伤的白鹿。他好心肠地为白鹿止血敷药，白鹿临走的时候，用蹄子踏着青石板说，过些日子，会有一场滔天的瘟疫流行。那时候，你就打开这块石板，下面会有一股热泉喷出。你用泉水洗身，就能躲避瘟疫。只是，你要记得啊，对谁也不能说。如果你告诉了别人，你就会变成一棵树……白鹿走了。

果然，不久草原上瘟疫流行。猎人在黑夜打开了石板，白色的雾气蒸腾起来，猎人用泉水擦拭全身。其他人一批批地死去了，只有猎人安然无恙。猎人沉默着，一天天消瘦。终于有一天，他把大家召集到一处，说，快快打开我脚下的这块石板吧！用石板下涌出的热泉擦身，你们的病就会好了……

随着话语，猎人的脚最先变成了树根，紧接着身体变成了树干。猎人最后的话，是从树叶沙沙的响声中传出来的。

猎人不见了，只有一棵榆树孤独地站在那里。人们纷纷用热泉洗澡，瘟疫就退缩了，草原重新恢复了生机。人们开始祭拜这棵猎人树。

后来，“文化大革命”中，有人说这是一棵神树，而神是荒谬的，就把榆树砍掉了。草原上的人忘不了猎人，近年来又栽了一棵松树，经常在松树上系着红飘带，以纪念猎人……

小姐讲得动情，我听着耳熟。晚间，当第二次把自己埋入这神奇的泉水时，我突然想起来了……

小时候，读过一则内蒙古民间故事，正是这猎人树的传说，那时的我觉得猎人真是顶天立地的大英雄。但此刻的我，在猎人以生命换来的水中生出了重新审视的疑问。

这古老的传说牢牢地戴着农耕时代的项圈，有一种闭关锁国的凄楚。

热泉的实质是什么？是一条宝贵的信息。为什么祖祖辈辈生活在这里的牧人和猎人不知道底细，而非要由一只莫名其妙的白鹿告知？白鹿好像有半神半妖的背景，不然，它为何知道泉水的秘密，为何能预报瘟疫的流行？

哦，只有超人的背景才能得到信息，普通的人无法掌握自己的命运，这就是古老社会的戒律。

由于神秘白鹿的启迪，行善的猎人由这一特别的孔隙（好心才有好报），得知了具有巨大价值的秘密：一半是疫情预报，一半是特效药介绍。但他必须独享这一情报，否则即将受到严厉的惩罚。

猎人虽应用"高科技"保全了自己的生命，但良心受到了巨大的煎熬。他面临着抉择。将信息共享，自己将遭受灭顶之灾；保持信息封锁，才能维持个体兴盛。

猎人在进行了相当长的思想斗争之后（我们有理由这样推测，中间有一个时间差——因为草原上已经有很多人悲惨地死去了），决定将秘密公开，于是出现了一个惨烈的结局：众人得救了，但猎人变成了树。

这个含义丰富的故事，在很长的时间内被道德光环笼罩。当猎人在自己的生命和众人的生命中只能取一的时候，他牺牲了自己。

这当然是没有错的。但这里想问的是——那股把猎人变成树的力量到底是什么呢？它是仙还是鬼？是正义还是反动？

当年在我幼小的脑袋瓜里以为是白鹿搞的阴谋。一想，也不像。白鹿若有那么大的本事，自己就可以把伤医好，或者索性就不会受伤，根本没猎人什么事了。我后来又曾以为那股邪恶的力量是泉水自己的主张。它只愿为少数人服务，不乐意造福大众。想想也不是，它至今还在热气腾腾地冒着泡，连为老乡家的年猪煺毛都在所不辞，可见是个好脾气的神灵。百思不得其解，只好认为那禁令的咒语是一种浑蛋逻辑。

其实，从泉水的角度考虑，如果猎人不把它公之于众，它就会被压在青石板下暗无天日，潺潺复潺潺。作为一注天地精华，如此隐姓埋名，从自我实现的角度来说，暴殄天物。

猎人给白鹿医伤，才得知秘密，是否意味着信息的获得要付出非同寻常的代价，并不是人人唾手可得。

于是，热泉在这里就形成了某种强烈的象征。它只能由神授，凭着机遇和良心，降临到极少数的人头上。你要懂得珍惜和保存它的秘密，一旦违背了天条，众人都品尝神秘之树结出的果子，皆大欢喜。但你作为秘密的最初享有者，就毫无利益可言，等待你的只有灭亡。你要切记这个道理，明白利益攸关。自我道德完善完美的后果是——你断送了卿卿生命。

这真是农耕时代的一条铁律，猎人的故事将此渲染得尽善尽美。它流传了很多年，但今天受到了挑战。

信息在共享的过程中并不衰减，反倒放射出了更灼目的光芒。作为提供信息的发布点，它理应受到正面的激励，在物质上有回报，在精神上有张扬，在道义上有共鸣，在利益上有保障。

假如猎人树的故事发生在今天，我看猎人可以在保证自己知识产权和专利的前提下，向牧人们供应精制的矿泉水。可做出大批保温桶，灌装后物美价廉地治病救人；也可把矿泉水的有效物质提炼浓缩，制成精粹干燥结晶，逐一小包装，批发到远方。这样，只要在家中把水烧热，再把“白鹿猎人”牌的矿盐溶解其内，一盆惟妙惟肖的沐浴之汤就可以“请君入瓮”了……那样，就可以救更多的人，把神水泼洒到更远的地方，猎人也可以获得更多的利益，循环往复，销售更多的神水了。

何乐而不为！

而且从本质上说，猎人也没有违背白鹿的规则。猎人并不曾告知别人这个秘密，他只是说，我有一种药，配方保密，如同可口可乐，你们可以一试……

热泉或许真有醍醐灌顶的作用，我于是有了以上这些纷纭想法。一时睡不着，推窗眺望，窗外的山峦上，猎人树被月光照射着，犹如披着银甲的老将军。可惜他被落后的时代扼杀了，如若活到今日，或许成了草原上的比尔·盖茨。

积木别墅

人的血液里，流淌着热爱盖房子的愿望。证据是我们从小就爱玩积木。

那是一些多么美丽的小木块啊！方的、长的、绿的、黄的、腰鼓状的、半球状的……新积木紧紧地镶在漂亮的纸盒子里，上面有一张折叠的纸。

那是图纸，锲而不舍地告诉我们，用盒子里的这些材料可以搭出怎样的建筑。

纸上的模型自然很精彩。但是属于我的那些积木，直到尖锐的棱角磨得圆钝，表层的彩漆脱落尽，都没有一次按图索骥组装成纸上的模样。

我不喜欢现成的图案。纸上已经画出来了，就像挖掘好的河道，思维的小船只能在里面慢慢漂。那样我们就降为工匠，而不是设计师了。

有一次幼儿园里举行搭积木比赛，要求是用尽给你的积木搭一所好看的房子。

我趴在桌上，将我的那堆积木看了半天，然后很快开始干活。我把一块红色的长方形积木和一块同样形状的绿色积木并排立起来，它们就组成了一个别致的正方形。然后，把一个金色的三角形积木搁在上面，第一间小房子就宣告竣工。

我还依次搭了一些同样分散而小巧的建筑，精致的小亭子、带钟表的小阁楼等。最后，我还剩了一块淡蓝色的柱形积木，不知道干什么用好，就把它直直地戳在建筑群的正当中。

比赛时间到了。我偷着觑了一眼旁边的小朋友。那是一个胖胖的男孩。

他倾其所有的家当，搭了一座牌坊似的塔楼。风一吹，扇形的积木墙就摇摇晃晃。他奓着两只手，既不敢扶，又不敢不扶，悬空护卫着他的作品。

老师走到我的部落前，说，你搭的这是什么呀？是别墅吗？这么浪费地方！

这是我生平第一次听到“别墅”这个名词。

她接着拨拉那块矗立着的淡蓝色小积木，又说，你怎么剩了一块砖？

我说，那不是砖。

老师说，那你说说，它到底是什么？

我说，是一个人啊。他正好从房间里走出来，要穿过这个小月亮门到拱桥上去……

老师仔细地听完了我的解释，然后公布我的邻桌是此次比赛的第一名，而我是最后一名。

胖男孩得意地望着我，我惭愧地一把将自己的别墅晃倒。

他的高楼也应声倒了。没有人碰它，高楼弱不禁风。

随着年龄的增长，我也终于明白了自己的不合时宜。我们的国家土地那么少，人口那么多，普通人哪里能享得别墅的奢侈。

我在地震的年代又看到了那个胖男孩，他变得很消瘦，在一家工厂当工人。

一夜间，起了那么多防震棚。各家各户的男子汉好像都是上好的建筑师。因陋就简，瓜菜代砖，顺手牵羊，拆了东墙补西墙……人们一时间焕发出惊人的聪明才智，各家的小房子像雨后的毒蘑菇，色彩斑斓，争奇斗艳。

我站在他搭的小房子里，身旁是用裁了图钉后剩的洋铁板钉成的窗户。那边角碎料，通常是用来做简易暖瓶的外壳的，制成窗户，别有一番情趣。

我原以为阳光透过这种“玻璃”还不得被切割得支离破碎，在地面留下麻子一般的光点。其实完全不是这样。

强烈的阳光穿过铁皮的空隙，倏地变淡了，好像钻进一层镂花的窗帘。它均匀而温柔地漉在不久前还是旷野的土地上，使没有被铲净的小草根冒出嫩绿。

这样简易的窗户自然是没有纱窗的。寒暄之后，我问主人，铁皮上这么大的窟窿眼，得飞进多少苍蝇蚊子？

主人说，苍蝇飞不进来。

我说，不能吧？这么大的洞，挤一挤，两只苍蝇可并排通过。主人笑了，说，苍蝇没有人聪明，它们不会抿了翅膀飞。所以无论从理论上讲还是实践验证，我这间自盖的小窝棚里，从没飞进过苍蝇。

我不甘心地问，那么蚊子呢？

主人叹了一口气说，假如晚上点灯，蚊子见了亮，就会飞进来。

我说，假如摸黑坐着，蚊子就不会来了吧？

主人说，也不行。蚊子能闻见人血的气味，照样飞进来咬你。

我说，那就只有在棚子里多喷点儿杀虫药了。

主人苦笑了一下，说，四面漏风的小房子，药味早就随风飘散了。

我说，那就搬回正经房子里住吧。

他说，搬不回去了。弟弟已经用他俩合住的房子结了婚。新人说，他们不怕地震，只怕没房。

我不知再说什么，主人反过来安慰我。他说，住在自己亲手盖的房里，再小也令人得意。假如有了足够的地方、足够的材料，他能盖一栋最舒适的房子。通过这回实地操作，他发现自己的手艺挺不错。

就盖一座你当年挨了批评的别墅吧。他用玩笑结束了自己的话。

他还记得那件事，他还是那么爱盖房子！

又是许多年过去了，社会在不断地进步着。我们已经可以比较自由地选择我们的食物、衣服、发式和室内的装饰（假如不是太奢侈的话）。

我再没有见到那个原先很胖后来消瘦了的邻桌。有时在夏天有蚊子飞过的夜晚，看到很壮观的高楼或很精巧的别墅，我就会想起他。

但愿将来有一天，他能按照自己的愿望，盖一座理想中的房子。

绿手指

美国某小镇，有一位老奶奶，长着“绿手指”。千万别以为她是个妖怪或有什么特异，这是当地人对好园丁的称赞。

一天，老人在报上看到一条消息，园艺所重金悬赏纯白金盏花。老奶奶想，金盏花除了金色，就是棕色的，白色的，不可思议。不过，我为什么不试试呢？

她对八个儿女讲了，遭到一致反对。大家说，你根本不懂种子遗传学，专家都不能完成的事，你这么大年纪了，怎么可能完成呢？

老奶奶决心一个人干下去。她撒下金盏花的种子，静心侍弄。金盏花开了，全是橘黄色的。老奶奶在中间挑选了一朵颜色稍淡的花，任其自然枯萎，以取得最好的种子，第二年把它们栽种下去。然后，再从花朵中挑选颜色浅淡的种子，栽种……一年又一年，春种秋收循环往复，老奶奶从不沮丧怀疑，一直坚持。儿女远走了，丈夫去世了，生活中发生了很多的事，老奶奶处理完这些事之后，依然满怀信心地栽种金盏花……

二十年过去了。有一天早晨，她来到花园，看到一朵金盏花开得奇特灿烂。它不是近乎白色，也不是很像白色，是如银如雪的纯白。

她把一百粒种子寄给了那家二十年前悬红的机构。她甚至不知道这则启事是否还有效，在这漫长的岁月里，是否早就有人培育出了纯白金盏花。

等待的日子长达一年，因为人们要用那些种子验证。终于，园艺所长打电话给老奶奶说，我们看到了你的花，它是雪白的。因为年代久远，奖金不再兑现。您还有什么要求吗？

老奶奶对着听筒小声说，只想问一问，你们可还要黑色的金盏花？我能种出来……

黑色的金盏花至今没开放，因为老奶奶去世了，世人再没有了这种笨笨的坚持。

但愿你我还能长出新的绿手指。

盲人看

每逢下学的时候，附近的那所小学就有稠密的人群糊在铁门前，好似风暴前的蚁穴。那是家长等着接各自的孩童回家。

在远离人群的地方，有个人倚着毛白杨悄无声息地站着，从不张望校门口。直到有一个孩子飞快地跑过来，拉着他说，爸，咱们回家。他把左手交给孩子，右手拄起盲杖，一同横穿马路。

多年前，这个盲人常蹲在路边，用二胡拉很哀伤的曲调。他技艺不好，琴也质劣，音符断断续续地抽噎，叫人听了只想快快远离。他面前的盛着零钱的破罐头盒，永远看得到锈蚀的罐底。我偶尔放一点儿钱进去，也是堵着耳朵到近前。

后来，他摆了一个小摊子，卖点儿手绢、袜子什么的，生意很淡。一天晚上，我回家，一下公共汽车，黑寂就包抄过来。原来这一片突然停电，连路灯都灭了，只有电线杆旁一束光柱如食指捅破星天。靠拢才见是那个盲人打了手电，在卖蜡烛、火柴，价钱很便宜。我赶紧买了一份，喜滋滋地觉着带回光明给亲人。

之后的某个白日，我又在路旁看到盲人，就气哼哼地走过去，说，你也不能趁着停电发这种不义之财啊！那天你卖的蜡烛算什么货色啊？蜡烛油四下流，烫了我的手。烛捻儿一点儿也不亮，小得像个萤火虫尾巴。

他愣愣地把塌陷的眼窝对着我，半天才说，对不住，我……不知道……蜡烛的光……该有多大，萤火虫的尾巴……是多亮。那天听说停电，就赶紧批了蜡烛来卖。我只知道……黑了，难受。

我呆住了。那个漆黑的夜晚，即便烛火如豆，还是比完全的黑暗好了不知几多。一个盲人在为明眼人操劳，我还不分青红皂白地指责他，我好悔。

后来，我很长时间没到他的摊子买东西。确信他把我的声音忘掉之后，有一天，我买了一堆杂物，然后放下了五十块钱，对盲人说，不必找了。

我抱着那些东西，走了没几步，被他叫住了。大姐，你给我的是多少钱啊？

我说，是五十元。

他说，我从来没拿过这么大的票子。

见他先是平着指肚，后是立起掌根，反复摩挲钞票的正反面。

我说，这钱是真的。您放心。

他笑笑说，我从来没收到过假钱。谁要是欺负一个瞎子，他的心就先瞎了。我只是不能收您这么多钱，我是在做买卖啊。

我知道自己又一次错了。

不知他在哪里学了按摩，经济上渐渐有了起色，从乡下找了一个盲目的姑娘，成了亲。一天，我到公园去，忽然看到他们夫妻相跟着，沿着花径在走。四周湖光山色美若仙境，我想，这对他们来讲，真是一种残酷。

闪过他们身旁的时候，听到盲夫有些炫耀地问，怎么样？我领你来这儿，景色不错吧？好好看看吧。

盲妻不服气地说，好像你看过似的。

盲夫很肯定地说，我看过，常来看的。

听一个盲人连连响亮地说出“看”这个字，叫人顿生悲凉，也觉出一些滑稽。

盲妻反唇相讥道，介绍人不是说你胎里瞎吗？啥时看到这里好景色的呢？

盲夫说，别人用眼看，咱可以用心看，用耳朵看，用手看，用鼻子看……加起来一点儿不比别人少啊。

他说着，用手捉了妻子的指，沿着粗糙的树皮攀上去，停在一片极小的叶子上，说，你看到了吗？多老的树，芽子也是嫩的。

那一瞬，我凛然一惊。世上有很多东西，看了如同未看，我们眼在神不在。记住并真正懂得的东西，必得被心房茧住啊。

后来盲夫妇有了果实，一个瞳仁亮如秋水的男孩。他渐渐长大，上了小学，盲人便天天接送。

初起那个孩童躲在盲人背后，跟着杖子走。慢慢胆子壮了，绿灯一亮，他就跳着要越过去。父亲总是死死拽住他，用盲杖戳着柏油路说，让我再听听，近处没有车轮声，我们才可动……

终有一天，孩子对父亲讲，爸，我给你带路吧。他拉起父亲，东张西望，然后一蹦一跳地越过地上的斑马线。于是盲人第一次提起他的盲杖，跟着目光如炬的孩子，无所顾忌地前行，脚步抬得高高，轻捷如飞。

孩子越来越大了。当明眼人都不再接送这么高的孩子时，盲人依旧每天倚在校旁的杨树下，等待着。

失却四肢的泳者

一位外国女孩给我讲了这样一个故事。

举办残障人运动会，报名的时候，来了一个失却双腿的人，说，我要参加游泳比赛。登记小姐很小心地询问，您在水里将怎样游呢？失却双腿的人说，我会用双手游泳。

又来了一个失却双臂的人，也要报名参加游泳比赛。小姐问，您将如何游呢？失却双臂的人说，我会用双脚游泳。

小姐刚给他们登记完，又来了一个既没有双腿也没有双臂，也就是说，整个失却四肢的人，也要报名参加游泳比赛。小姐竭力保持镇静，小声问，您将怎样游泳？那人笑嘻嘻地答道：

我将用耳朵游泳。

他失却四肢的躯体好似圆滚滚的梭。由于长久的努力，他的耳朵硕大而强健，能十分灵活地扑动向前。下水试游，如同一枚鱼雷出舱，速度比常人还快。于是，知道底细的人们暗暗传说，一个伟大的世界纪录即将诞生。

正式比赛那天，人山人海。当失却四肢的人出现在跳台上的时候，简直山呼海啸。发令枪响了，运动员扑通扑通入水。一道道白箭推进，浪花迸溅，竟令人一时看不清英雄的所在。比赛的结果出来了，冠军是失却双臂的人，亚军是失却双腿的人，季军是……

英雄呢？没有人看到英雄在哪里，起码是在终点线的附近找不着英雄独特的身姿。真奇怪，大家分明看到失却四肢的游泳者跳进水里了啊！

于是更多的人开始寻找，终于在起点附近摸到了英雄。他沉入水底，已经淹死了。在他的头上，戴着一顶鲜艳的游泳帽，遮住了耳朵。那是根据泳场规则，在比赛前由一位美丽的姑娘给他戴上的。

我曾把这故事讲给旁人听。听完之后的反应，形形色色。

有人说，那是一个阴谋。可能是哪个想夺冠军的人出的损招，扼杀别人才能保住自己。

有人说，那个来送泳帽的人，如果不是一个漂亮的女孩子就好了，泳者就不会神魂颠倒。就算全世界的人都忘记了他的耳朵的功能，他也会保持清醒，拒绝戴那顶美丽却杀人的帽子。

有人说，既然没了手和脚，就该安守本分，游什么泳呢？要知道水火无情，孤注一掷的时候，风险随时会将你吞没。

有人说，为什么要有这么个混账的规则，游泳帽有什么作用？各行各业都有这种教条的规矩，不知害了多少人才，种种陋习何时才会终结？

我把这些议论告诉女孩。她说，干吗都是负面？这是一个笑话啊，虽然有一点儿深沉。当我们完整的时候，奋斗比较容易。当我们没有手的时候，我们可以用脚奋斗。当我们没有脚的时候，我们可以用手奋斗。当我们手和脚都没有的时候，我们可以用耳朵奋斗。

但是，即使在这时，我们依然有失败甚至完全毁灭的可能。很多英雄，在战胜了常人难以想象的艰难困苦后并没有得到最后的成功。

凶手正是自己的耳朵——你最值得骄傲的本领。

断臂的姐姐

我有一个妹妹，比我年轻（这是废话啦），聪慧机警。她在北大读完计算机专业，到一家工厂当工程师。多年来，她一直是我的作品的忠实读者，经常提出一些很尖锐、很中肯的意见，使我受益匪浅。

原以为我俩一文一理，是两股道上跑的车，绝无聚头的日子。不想随着国门打开，洋货涌入，国产计算机的局势日见危急，妹妹所在的工厂濒临倒闭，最后竟到了只发微薄的生活费的境地。

一日，老母对我说，看你写些小文章，经常有淡绿色的汇款单寄来，虽说仨瓜俩枣的，管不了什么大事，终是可以让你贴补些家用，给孩子买只烧鸡的时候，手不至于哆嗦得太甚。你既有了这个本事，何不教你亲妹妹两招。她反正也闲得无事，试着写写，万一高中了，岂不也宽裕些？

母亲这样一说，倒让我很不好意思起来，好像长久以来自己私藏了一件祖传的宝贝，只顾独享，怠慢了一奶同胞的妹妹。

我支吾着说，世界级的大文豪海明威先生说过，写作这种才能，是几百万人当中才能摊上一份的，不是谁想写都能写的。

老母撇撇嘴说，她与你同父同母，我就不信只有你能写，她就写不得！

话说到这份儿上，我只有对妹妹说，你写一篇，拿来给我看看。

妹妹很为难地说，写什么呢？我又不像你，到过人迹罕至的西藏。我是生在北京，长在北京，最远的旅行就是到了北大的未名湖畔。这样简单的人生经历，写出的文章，只怕小孩子都不会看的。

我说，先不要想那么多吧。你就从你最熟悉最喜欢的事情写起，不要有任何顾虑和框框。写的时候也不要回头看，写作就像走夜路，一回头就会看到鬼影，失了写下去的勇气。你只管一门心思地写，一切等你写出来再说。

妹妹听完我的话，就回她自己的家去了。其后的很长一段时间无声无息。当我几乎把这件事忘记的时候，她很腼腆地交给我几张纸，说是小说稿写完了，请我指正。

我拿着那几张纸，翻来覆去地看了好几遍，好像是在研究这纸是什么材料制成的。我知道妹妹很紧张地注视着我，等待着我的裁决。我故意把这段时间拉得很长——不是要折磨她，是在反复推敲自己的结论是否公正。

我慢吞吞地说，你的文章，我看完了。我在这里看到了许多不成熟和粗疏的地方，但是，我要坦率地说，你的文字里面蕴含着一种才能……

妹妹吃惊地说，你不是骗我吧？不是故意在鼓励我吧？这是真的吗？我真的可以写一点儿东西吗？

我说，我有什么必要骗你呢？写作是一件很辛苦的事情，说真的，我真不愿你加入这个行列，它比你做电脑工程师的成功概率要低得多。但是，如果你喜欢，可以一试，李白说过，天生我材必有用。如果你爱好用笔来传达你对人世间的感慨，就沿着这条路走下去好了。

妹妹的脸红起来，说，姐姐，我愿一试。

我说，那好吧，回去再写十篇来。

用了大约一年时间，妹妹的十篇文章才写好。我一次都没有催过她。我固执地认为，一个人如果真正热爱一个行当，不用人催，他也会努力的。若是不热爱，催也无用。

当我看到厚厚一沓用计算机打得眉清目秀的稿子时，知道妹妹下了大功夫。读稿的时候，我紧张地控制着表情肌，什么神态也不显露出来。看过之后，把稿子随手递还。

怎么样呢？她焦灼地问。

我淡淡地说，还好，起码比我想象的要好得多。有几篇甚至可以说是很不错的了。

妹妹很明显地松了一口气，说，这下我就放心了。把稿件又塞给我。

想干什么？我陡然变色。

妹妹说，我写好了，属于我的事就干完了，剩下的活儿就是你的了。你在文学界有那么多的朋友，帮我转一下稿子，该是轻而易举的啊。

我说，是啊是啊，举手之劳。但是，我不能给你做这件事。

在旁侧耳细听的老母搭了腔，你平常不是经常给素不相识的文学青年转稿子吗，怎么到了自己的亲妹妹头上反倒这样推三阻四？

我把手压在妹妹的文稿之上，对她说，转稿子是很容易的事情，只是我想让你经历一个文学青年应该走的全部磨炼过程。正是因为你不仅仅是为了发一篇稿子，你是为了热爱，把写作当作终生喜爱的事业来看待的，所以我更不能帮你这个忙。为你转了稿，其实是害了你。经了我的手，你的稿子发了，你就弄不清到底是自己已到了能发表的水平还是沾了姐姐的光。况且我能帮你发一篇，我不能帮你发所有的篇目。就算我有力量帮你发了所有的作品，那究竟是你的能力还是我的能力呢？一个有志气的人，应该一针一线、一砖一瓦都由自己独立完成。

妹妹沉思良久后说，姐姐，这么说，你是不愿帮我的忙了？

我说，妹妹，姐姐愿意帮你。只是如何帮法，要依我的主意。在这件事上，请你原谅，姐姐只肯出脑，不肯出手。我可以用嘴指出你的作品有何不足，但我不会伸出一根手指接触你的稿子。

老母在一旁说，是不是因你当初是单枪匹马走上文坛的，今天对自己的妹妹才这般冷面无情?

我说，妈妈，我至今感谢你和父亲在文化圈子里没有一个熟人，感谢我写第一篇作品时的举目无亲。它激我努力，逼我向前。我不能因自己干了这一行，就剥夺了妹妹从零开始的努力过程。这对于一个作家是太重要的锻炼，犹如一个婴儿是吃母乳还是喝苞谷糊糊长大，体质绝不相同。

妹妹说，姐姐于我，要做西西里岛上出土的维纳斯，不肯伸出双臂。

我说，错。维纳斯的胳膊是别人给她折断的，欲补不能。我是王佐，自断一臂。

妹妹说，我懂了。

在其后又是将近一年的时光中，妹妹像没头苍蝇似的，为她的文稿寻找编辑部。我在一旁冷眼旁观，这中间我有无数次机会举荐她的稿子，但我时时同自己想要帮她一把的念头，做着不懈的斗争。我替毫不相干的青年转稿子，殷勤地向编辑询问他们稿子的下落，竭尽全力地为他们的作品说好话……但我信守诺言，没有一个字提及妹妹的作品。

妹妹在图书馆找到各种编辑部的地址，忐忑不安地寄出她的稿子，然后是夜不能寐的、漫长焦灼的等待……终于，她的十篇文稿全部投中，在各种刊物上发表了。

居然无一退稿！而且这都是我自己奋斗来的啊！妹妹喜极而泣，自信心空前地加强了。

老母对我说，想不到你这招居然很灵，只是为一服虎狼之药，药性凶猛了些。

我说，哪里是什么虎狼之药，不过是平常人的正常遭遇罢了。我们现在凡做一事，总是先想到认识什么人，试图依靠他人的力量。其实，这世上最值得信赖的人正是你自己。尤其是那种成功概率比较低的事，更要凭自己的双手去做，以积累经验。过程掺了水分，不如不做。

老母笑吟吟地说，现如今两个女儿的文字都可换回些柴米油盐酱醋茶钱，喜煞人也。

我拉着妹妹的手说，革命尚未成功，你我仍须努力啊。

保安是谁变的

我跟保安的会面主要在小区的一出一进当中。看着那些年轻的面庞，我常常想，他们以前是做什么的呢？在进入城市之前，在穿上保安的制服之前，他们是什么人呢？蝴蝶是毛虫变的，蚊子是孑孓变的，青蛙是蝌蚪变的，保安是谁变的？

和一些保安聊过天，他们都很谨慎，从不多说什么，至多只讲自己家在农村，上过或是初中或是小学，好像上过高中的不是很多，基本上是招工来的。用人单位的代表到了乡里，说有到北京干活的机会，需怎样的条件，谁愿意去？于是年轻人纷纷应征。有的是亲戚朋友介绍来的，滚雪球一般。总之，保安基本上来自农村。

一个农村的小伙子，冷不丁来到了繁华的大都市，他们的心地会发生怎样的变化呢？我没看到过针对保安的相关研究，设想一下，可能会有这样几种可能吧。

一是惊讶。高楼大厦车水马龙，不夜的霓虹灯和袒胸露背的华衣……这些和寂静的山村简朴的民俗实在是天壤之别。人在震惊之后，很容易滋生出渺小和自卑的心理。能以平和之心对抗陌生的繁华，是一种再造的定力，而非人的本性轻易可以到达的高度。

一天，我在西客站附近上了公共汽车，一位老者也上了车，因这周围有家医院，他佝偻着腰，几乎可以断定他有病。从他迅速扫视四周的眼神又可以觉出他的病并不是很重。他走到一位看守着行李的小伙子面前，很果断地说，你站起来。那个小伙子不知何故，带着乡下人的服从和退缩马上站了起来。老者很利落地坐在了小伙子的位置上，然后说，给老年人让座是应该的。进了城，以后学着点儿。那小伙子愣愣地、冷冷地站着，一言不发，让人无法猜测他的心事。

我看不过，就挤过去，对那位老人家说，他给你让座是应该的，可你也该说声谢谢啊，这也是应该的啊。说完之后，我就直勾勾地盯着他，表示自己的坚持。那位老人很不甘心，见周围也有人用目光支持我，才很不情愿地说了声，谢……

小伙子还是愣愣地站着，毫无表情。我不知道这个小伙子以后会不会变成保安，即使不是真正在册的正规保安，也许会摇身一变成了黑保安，看他那漠然的神情和高大的身板，这可能性还真不小。

曾经传得沸沸扬扬的“凶桥”的故事，说的是在北京健翔桥附近有一座过街天桥发生抢劫案，劫匪穷凶极恶，抢了钱还不说，临走时还在血肉模糊的事主腿上又刺了几刀，防着被害人爬起来追赶或报案。公安辛苦破案，最后查出凶手原来是附近灯具店的黑保安。

又是保安！不管是黑是白，这几年，听到的保安打砸抢的案子，实在是不少了，还有屡屡发生的监守自盗。“保安”那在人们心中原本趋向暗淡的形象，如今干脆抹上了血痕。

扯远了，回到刚才的话题。于是在想，青年农民进了城，穿上保安的衣服，他们就真的变成了负有庄严使命的保安了吗？谁来帮助他们完成这个巨大的转变？不单是要训练他们走正步、敬礼和纠察、服从，更要教会他们敬业和尊重、忠诚和勇敢。

比如那个被迫让座的小伙子，我敢说城市给他的第一课肯定是不愉快的。凭什么我的座位要让给你？凭什么你坐了我的座连个谢谢也不说？凭什么城里人就可以指令乡下人？

我在报道中看到寻求保安杀人越货的动机时，总有一条是说这些年轻人一旦进入城市就会产生不平衡的心理，然后想找一条快速发财出人头地的路子。于是，抢劫偷盗就成了享乐的捷径。

原来那关键是不平衡。这就是变化的第二条。是啊，退一万步讲，同样是人，为什么你降生在城市，我就在农村？为什么你锦衣玉食，我却要风餐露宿？为什么你坐享其成，我却要白手起家？这一连串的问号如乌鸦盘旋在年轻的心的上空，如果没有疏导和讨论，那一时的偏颇就可能酿出滔天的惨祸。

不错，人间是有很多不平，这不平是与生俱来的，几乎是一种命定。我指出这一点，不是取消你的奋斗，而是请你的奋斗站在坚实的基础上。你不可以犯法，你不可以靠伤害他人以达到自己的目的。你不可以将道德和传统只维持在一个狭小的圈子里。比如在你的小村庄，你知情达理，是个好孩子，一旦到了城市的汪洋大海，你觉得什么人都不认识你了，你不必为口碑负责，你就可以空前地放肆起来。

我认识一个乡村的女孩，她品行方正。到了城市不久，她就觉得当保姆挣钱太辛苦、太慢了，她要去当小姐。我说，你知道这小姐不是戏文里知书达理带着丫鬟的小姐，是有很多下流的东西在里面的。女孩说，阿姨，我都知道。可这又怎么样？就是下流了，也没有一个人认识我。我回家去，照样是一流的，起码也是个中上流吧。

我无言。淳朴的乡村以古老的方式约束之下的道德，一旦脱离了那个环境，就变得如同出土的丝绸，在一个极短暂的时间还能保持着绚烂，然而很快就褪色而灰飞烟灭了。因此，我对那些沙哑着嗓子颂扬乡村的歌唱始终心存疑虑，怕那只是理想中的眷恋，而非真正意义上的向往。

一日，我和朋友约了在街头见面，为了醒目，地点就选在了一家银行大厦的前面。随着年龄渐长，我越来越像个没出过门的老太太，凡是同人约定的事，总要早早地上路，生怕晚了。北京这地方，堵起车来，谁都没有办法，无论你打出多少时间的富余，还是要迟到。若是顺利了，简直就提前到不可思议的地步。那一天，恰好是后面一种情况。我百无聊赖地流连在碧绿色的玻璃幕墙边，像个准备打劫银行的匪徒踱来踱去，这毫无疑问引来了一位年轻保安的询问。我如实禀告。他笑起来说，你和我妈有点儿像，她要是哪天出门，早早地就上路了，有时会提前好几个钟点就到了。

我问，你妈妈现在在哪里呢?

聊天就这样开始了。他告诉我，他来自陕西的一个小村子，说他老妈以前是从来不看《新闻联播》的，因为那正是家中刷锅洗碗、喂猪的时间，老妈在灶台边忙得昏天黑地。可自从儿子到北京当了保安，老妈就雷打不动地开始看新闻了。老爹说，你不就着灶膛还是温和的，把猪食熬了，还关心什么国家大事？这都是老爷们儿的事，和你无关。老妈坐在小凳子上一动不动看着屏幕，说，我不是关心国家大事，我是关心我的儿子。他在北京做保安，新闻里播北京的事多，也许我会看到儿子。老爸说，哪儿有那么巧？就是有了，我叫你就是，你该干什么就干什么吧。老妈说，电视上如果有了儿子的影儿，那也是领导坐着车从他站岗的地方一晃就过去了，哪里等得及你叫我？还是我自己守着吧。

小伙子告诉我，他的父母就这样一直守着电视机，等着他在屏幕上以一个保安的姿态出现。他告诉过他们，自己穿上保安的衣服威风凛凛。

其实保安这一行是很无聊的，天天守着一个地方。最初的新鲜劲儿过去之后，再好的风景也会看腻。以后年岁大了，不能老做保安啊，要有一技之长啊。可我的一技之长在哪里？雇你的人是不会想这些的，可你自己会想，几乎每天都在想，但光想又有什么用呢？要有行动。可我的行动目标在哪里呢？不知道。

我看到面前的小伙子眼神里露出散淡的光，完全没有焦点。正在这时，我的朋友来了，我就离开了这位年轻的保安，但他的目光让我久久难忘。我想，这就是保安进入城市之后面临的第三个挑战了，那就是——茫然。

惊讶、不平衡和茫然，这三点变化带来的震动，其实也完全能从正面来解读。人为什么会惊奇？是因为我们离开了熟悉的环境，面临未曾有过的机遇和多种崭新的可能性。人为什么会不平衡？因为早先的稳定被打破了，一种变化的种子已经悄然发芽。当然了，不是每一粒种子都能开花，但播下种子就比荒芜的旷野强过百倍。面对不平衡，不怨天尤人，不妄自菲薄，沉下心来，细分短长，以自身的努力来补上命运的差异。至于说到茫然，我甚至以为，适当的茫然不单是一种可以接纳的阶段，而且几乎是年轻人的特权。你有权茫然，但是不可以茫然太久，太久的茫然就是思索的懒惰和行动的放弃。茫然的前提是要有向前一步寻找的动力，你须把茫然化作一种探寻的勇敢。茫然如同糯米，只有开阔的视野和不懈的学习，才能如同适宜的温度，将茫然的酒曲发酵成醇厚的甜酒。

你很难想象，在当今城市中有一位白发苍苍的保安在执行任务，保安已经从传统的打更老大爷或高尚别墅的女管家，变成了如今朝气蓬勃的年轻人的事业。无数青涩的果子将在这个行业中缓缓成熟，散发出活力的芳香和丰收的光彩。

楼梯拐弯的女孩

一天我下班，邻居大叫，哎呀呀，你怎么才回来？那个女孩在楼道里整整坐了一下午，叫她进屋，怎么也不肯，冻得抱着膝盖，不停地跺脚……大妈说着，指指楼梯拐弯处的第一级台阶，有报纸大小的一块水泥地面，显得很洁净，泛着摩擦过的清光，再下一层的阶梯上有花纹细碎的泥屑。

我摸不着头脑，说，女孩？哪儿来的？为什么要坐在楼梯上？

大妈说，女孩是外地来组稿的编辑，久候我不到，刚刚走。我想，这姑娘也够冒失的，为什么不先打个电话呢？彼此又不认识，哪怕就是在公共汽车站相遇，也会擦肩而过。看着窗外苍茫的夜色，心中又渐渐不安，升起缕缕牵挂。不知那女孩今夜何处安歇，楼道里穿堂风那么大，她会不会感冒？

女孩打了电话来，很幼嫩的声音，说要与我面谈。我说，昨天烦你久等了，要是事先联系一下就比较稳妥，很抱歉啊。她咯咯一笑说，您不必不安，我是故意不打电话的。要是先通了气，您以写作忙推托，不肯见我，我的组稿任务就难完成了。似这般不速之客找上门去，碰上了自然好，纵是遇见门锁白等了，也会给您留下一个很深刻的印象。

我听她说话时没有感冒的喑哑，放下心来，忙说，印象真是很深呢。只是我今天还要上班，好多人挤一间办公室，谈话不便。组稿的事，我牢记在心，有了合适的稿子，一定寄上。见面的事，就免了吧，北京这么大，你人生地不熟的，南城北城地跑，太辛苦啦。

电话线的那一端沉吟了片刻，很果断地说，还是要见一面。因为我们主编说了，不亲见作者，就不给我报销来回的卧铺票。

我一惊，想不到自己的脸还和人家的经济挂了钩，这是非同小可的事，赶快就定了时间。见面一看，女孩清清秀秀的，说是自小酷爱文学，大学刚毕业，去杂志社应聘，试用期的第一个任务就是京城组稿。组到了，就可以留用。组不到，就得另谋高就了。

我忙说，一定努力，争取早日完成任务。

女孩追问，那您究竟何时给我稿子呢？最好说得准确些。

我踌躇了一下，说稿子就像庄稼，每茬儿有个生长期。我不是高产的优良品种，没法多快好省地打出粮食来。就是马上放下手里的活儿，另起炉灶，速写一篇给你，也还需相当长的酝酿阶段。不过我既答应了你，就会竭尽全力抓紧，你放心吧。

女孩急了，说，你要是不给我一个准日子，主编会说我办事没谱儿，也许是虚晃一枪，怎么办呢？

想想也是，主编肯定是更负责的人。没办法，只有陪着她一道叹气。到底是年轻人，片刻后有了主意。女孩说，这样吧，您给我写个字据，就说保证在何年何月何日之前把一篇几万字的稿子寄到我们杂志社。底下签上您的大名，写上今日时间，最好精确到分。您觉着如何呢？

我只有觉得好，按女孩的要求去做。选了一张干净纸，每一个字都写得很工整，阿拉伯数字尽量规矩，特别是签名，更是一笔一画，绝不能让人误以为漫不经心。写完，我把字据折叠好，很郑重地递到女孩手上，感到一种承诺随之降临。

女孩没接纸，思忖半天说，要是主编觉得这不是您的亲笔，以为是我随便找了个旁人代写的，怎么办呢？

我完全灰心丧气，不知如何是好。想说要是主编不相信，可把笔迹送到公安机关鉴定一下，又觉哪里值得人家这般兴师动众，实在是自作多情，只有不作声。

女孩考虑了较长时间，说，只有辛苦您了，重写一张字据，快写完的时候，我照张相，把您和纸上的字迹一道摄入镜头。人字一体，证据确凿，主编自然无话可说啦。

我俯下身子，慢慢地写，按女孩的吩咐反复调整着纸的角度。写到结尾时，耀眼的镁光灯一闪。

告别的时候，女孩说，她和在澳大利亚留学的表妹很喜欢我的作品。我拿出两本书，签了字送她。

女孩走了，除了接过我送她书的那一瞬脸上透出天真的笑容，眉头始终淡淡地锁着。我知道她还在为今后犯愁。送别的时候，她走出很远，还回头向我招手。我突然发现她的一条腿有轻微的跛行，心就一下拧紧了——她是不是在我家楼梯拐弯处的台阶上冻得关节疼了呢？

为富人担保的穷人

南方的一座小城。

瘦弱的女人，大约四十岁，朴素到陈旧的装束，使人很难把她和推销信用卡这种新潮行当联系起来。她业绩显赫，在很短的时间内就推销了上千张，每张卡一千元开户，且全部是个人购买。

你干得很出色啊，我说。

人到了没办法的时候，就给逼出主意来了……我原在工厂做工，后来不景气……银行给了我一大沓表，每张表相当于一张卡。要是我不能把这些卡推销出去，今后的工作就很难说……她淡淡地讲着，表情也像一张新的信用卡，平和而干净。

你的第一张卡卖给谁了呢？是不是很难？我小心地问，万事开头难，以她的年纪、长相和性格，第一步肯定布满荆棘。

没想到她笑起来，说，第一张是一点儿也不难的，我一下子就卖出去了。我自己买了我的第一张卡。虽然没那么多闲钱，但我得先学会用卡，要是我都稀里糊涂的，还能指望别人买卡吗？

说着，她从衣袋里掏出一个男用钱夹，里头小格子很多，好像盛不了多少钱，是人造革的。她一边说一边很亲切地抚摸着皮夹，好像它是一只有呼吸的小动物。它是我工作的帮手，用个文明词，就是道具。

她接着讲述卖第二张卡的经历。

那是一户大款。我把来意说了，他连头也不抬地说，你给我出去，我不要什么卡。积我多少年的经验，没有什么比现钱更好使的东西了。

我说，您的生意越做越大，钱会越聚越多。总有一天，您带的现钱会使您走不动路。

他把头抬起来一字一顿地说，那我会雇人给我扛着钱。

我说，积我多少年的经验，钱放在谁的口袋里，也不如放在自己兜里保险。我请您看看这个国外最新式样的钱夹。

他注意地盯着我说，你是推销钱夹还是推销信用卡的？

我不理他，把小格子一个个展示给他看。然后说，这些地方都是装信用卡的，真正有钱的人，随身带的是卡而不是钱。当然他们有时也带一点儿零钱，那是为了付小费和施舍乞丐。用卡是一种文明的方式，真正的大亨是不屑于用大拇指数钱的，他们只用食指把卡推过去。假如您到大饭店请朋友吃饭，当着客人的面数一大沓旧钞票，是一件煞风景的事。别的不说，就说钞票不干净，上面带着数不清的病菌，您跟别人握手，人家也许会嫌您脏……

他突然打断我的话，说，你还有完没完了？咒我啊？我买你的卡就是了！

说完这段经历，她又安静地沉默下来。

我说，你对大款倒真是不卑不亢。但世上的大款终究是少数，对工薪阶层你说什么呢？

女人说，我对那些常常出差的人讲，你们出门在外，最怕的不就是丢钱吗？办事且不说，单是……咱们都这么大岁数了，我也不怕难为情，街上卖的带拉锁的裤头就是干这个使的。可夏天您就不出汗了？出了汗，您就不洗内衣了？那点儿钱像耗子搬家似的藏来藏去，烦不烦人？要是遇着临时用钱的事，你还得上厕所掏钱，着急不着急？

听你这么一说，他们一定乐意买卡了。我说。

也不一定。有的人是立马儿掏钱了。也有的人说，别把你的卡说得那么好，带钱会丢，带卡就不会丢了吗？小偷可不认这个理！

那你怎么回答呢？我有些替她着急。

我就说，使卡的时候，要和本人的身份证配合着用。您把卡装在左兜里，把身份证装在右兜里。单偷了卡，他也没法用。哪儿那么巧，小偷先掏了您左兜又掏您右兜，您就把卡和身份证一块儿都丢了呢？回来补个卡就是了，避免了损失。听我这么一说，那些出差的人就笑起来，说我们买你的卡了。

我说，这座城市并不大，就算大款和出差的人都买了你的卡，离你要完成的数量也还差着呢。

她叹了一口气说，是啊，我就是只有再想办法了。

比如碰到有人结婚，我就找到他的朋友们，说，你们正在想送给新人什么礼物吧？我给你们出个主意，凑钱送他们一张信用卡吧，这比送人家一大堆锅碗瓢盆、床单被面要好。一是小两口可以买自己心爱的东西，你们就尽了心意。二是什么时候人家用起这卡来，都会想起朋友的情意。哪怕卡上的钱用完了，他们自己往卡里续钱，也还记得你们开的这个头……

要是哪个单位效益好，预备表彰先进模范，我就去对领导说，给你们的先进人物送一张卡吧，这个礼物新颖……

女人说，不过，一下子能奖励一千块钱的单位并不多。有的领导说，我们的胃口没有那么大。我就说，你只须奖二十块钱就行。轮到领导搞不懂了，我说，每张卡需要二十块钱的开户费，您把这个钱出了，剩下的钱由个人出，也可以啊。现在的二十块钱实在算不了什么，买只烧鸡还缺条腿呢。您要是单奖给谁二十块钱，保证拿不出手，可您奖了他这个开户的手续，礼轻情意重啊！中国人有时候挺怪的，心疼小钱，不心疼大钱。许多人不愿意让这个开户的资格作废，就买了卡……

我说，看来你很顺利啊。

她停顿了一下说，我光跟您说好的了，也有很为难的时候。

我说，举一个你最为难的例子好吗？

她低下头，短发遮没了半个脸庞，一种疲倦的沧桑浮上眼帘，眼角罩起银杏叶一般的纹路。

有一次，我向一位总经理推销信用卡……她困难地说。

无论在哪个部门，我都是从最大的头头开始推销。上行下效，中国人信这个。只要领导买了，底下的人就放心了，要不，你说破天，大家也不信你。

买卡是需要担保人的。也就是说，如果持卡人恶意透支的话，担保人要承担损失。因为银行是以天为单位结算的，如果有人在一天内快速支出巨额，不到晚上结算的时候，电脑是反映不出来的。假如这个人跑了，银行的损失就得找担保人了。

我请总经理代理单位为他的职员担保。

他说，这年头，谁能担保得了谁呢？当父母的担保不了儿女，丈夫担保不了老婆。我不能为他们担保。

我说，如果你不能为所有的员工担保，只为您的高级职员担保吧。

他说，那也不行，我信不过他们。

我说，那您只为您的副总经理担保如何？

总经理说，除了我自己，我不相信这世界上的任何人。

我定定地看着他，一字一句地说，这个世界上总还是好人多。

他似笑非笑地对我说，你真是这样认为吗？

我说，真的，我受过很多次骗，但我还是愿意相信别人。当我搞不清一个人该相信还是不该相信的时候，我只有相信他。

他的脸色很难看，说，你的话算数吗？

我说，我虽是一个女人，但比许多男人更守信用。

他说，那好吧，我给你一个实践的机会。咱们两个素不相识，现在，你如果肯给我做担保人，我就买你的卡。而且，我为我的员工做担保。

我一下子愣在那里了。他是腰缠万贯的大富翁，我是一个下岗的女工。如果他要恶意透支，我就是砸锅卖铁也还不上他欠的钱啊！但我知道我不能退却，这已经不单是能不能推销出去一张卡的事情了，还关乎某种做人的原则。

在他富丽堂皇的老板台前，我停顿了片刻。不是我迟疑，而是为了能让他更好地听清我的话。我再次一字一句地对他说——我是一个穷人，但我愿意为您担保。

女人说完这句话，久久地沉默了。

我说，你以后害怕了吗？

她说，是啊。不过，我不后悔。只是这事至今没跟我丈夫讲，他是个安分守己的人，若知道了，会吓得睡不着觉的。

停了许久，女人说，其实，这还不是最为难的。我最难过的是有一次碰到从前一起做工的姐妹。

她们问我现在在做什么。我跟她们说起卡来，并不是要显摆什么，只是天天都和卡打交道，卡已经成了我生活中的一部分，不由自主地说起来了。单是说说卡是怎么回事也就罢了，千不该万不该，我不该在介绍完卡以后说了一句，卡有这么多的方便，你也买张卡吧……

我真的不是故意要推销卡，只是一种习惯。

以前的姐妹就说，你说的这个卡大概真是很好。我们信你的话。可对我们来说有什么用呢？能用这卡从自由市场买菜吗？能上小卖铺买酱油吗？能到煤店里买煤吗？能在学校里用它交孩子的学费吗……

我站在马路当央，一句话也说不出来……

推销卡的女人垂着眼帘，忽然，她睁开了眼睛，说，您知道什么样的人最不喜欢买卡了吗？

我猜测着说，是收入比较窘迫的人吧？

她说，您错了。收入少的人不买卡，只是觉着卡和自己的关系不大，就像人们不关心火星上发生什么事一样。如果他们挣了钱，还是会买的。

最不喜欢买卡的人是那些有灰色收入的人，因为卡上的每一笔花费都有案可查，你什么时候在什么地点花了多少钱，电脑这只神眼都会忠实地记录下来。虽说是给用户保密，但心里有鬼的人不愿在世上留下任何痕迹，他们只愿意神不知鬼不觉地在暗处花钱。所以，有些人我是从来不动员他们买卡的。他们是卡的黑洞。

她疲惫地一笑，说，卡是个新事物，是和世界接轨的东西。可有些简单的东西到了咱们这儿，就变得复杂起来。我现在只盼那个我做担保的富人，不要上了恶意透支的黑名单。

坦然走过乞丐

喜欢张爱玲的一个理由，是她说自己不喜欢乞丐。凡人不敢说厌恶乞丐，特别是女性，那样显得多不善良啊。

乞丐是一个现象，它把贫穷和孱弱表面化了，瘫软地体现了出来。它把人的哀助赤裸裸地表达着，让他人在同情之后起了帮助的欲望和收获施与的喜悦。

于是乞丐就成了常说常新的话题，名著中的乞丐常常是睿智和淳厚的，平常人也有很多与乞丐有关的故事。听过一个女子讲述，她最终决定嫁给丈夫，是因为那个男人在看到乞丐的时候总是一往情深地掏钱。某次竟把请女孩吃饭的钱悉数捧出，以至于两个人只能空腹沿江散步（女孩的钱只够两人回家的路费）。女孩认定男子值得信赖，很快和他结婚了。那个衣衫不整的乞丐不知不觉中成了红娘。当我对女孩见微知著的聪敏欣赏不已时，她脸色陡沉，说，婚后不久发现丈夫狭隘虚伪，两人很快分道扬镳。于是那个乞丐又在浑然不觉中成了罪人。

我茫然了，不知如何对待这大城市眉眼上的瘤。某天和海外宗教界的朋友结伴走地铁。肮脏的老乞丐裹着污浊的破毡，半跪半俯地挡住了阶梯，破旧草帽中，零星小币闪着暗淡的光。毡下像枪管一样刺出半截腿，该长着脚的地方是一团褐色的腐肉。情景的惨和气味的熏，使人不得不远远抛下点儿钱，逃也似的躲开。

我知趣地退后了几步，和朋友拉开距离。依她的慈悲和博爱，无论捐出多少，都是心意，也是隐私，我尊重地闪开为好。

她端庄地走了过去，俯身对残疾老人说，请你让一让，不要阻了通道，你没看到人们都绕开你走吗？这让大家多不方便啊。老人从地面抬起半张脸，并不答她的话，我行我素道，行行好，太太，给几个小钱……

朋友悄然走了过去，不曾放下一枚硬币。进入地铁，找到站内的工作人员，她说，通道上有个乞丐，妨碍了交通，请你们敦促他走开。

我无声地看着这一切，心想不给钱尚能理解，比如恰逢心绪不佳，没有余力关顾他人，但找了公安驱赶老丐是不是也嫌过严？忍不住替她找理由，说，我看到报载，有些乞丐骗吃骗喝，白天在街上乞讨衣衫褴褛，下了班之后西装革履地下馆子。有的干脆以此为业，几年下来，居然在乡下起楼造屋成了当地首富。想你一眼看出那乞丐正是这路人等？

朋友笑了，说我哪有这份神功。你说的那些事例，我也在报上看过。具体到这位老人，没有证据，我们不可以随便怀疑。我疑惑道，既然你不认为他是坏人，为何不施舍？

朋友道，可我也不能判断出他是否真的贫病无告、难以自食其力啊。

我说，这却难了。每个人在掏腰包施舍之前，难道还要雇个私人侦探，一一查访乞丐们的收入情况吗？

朋友正色道，这正是现代社会的为难之处。农耕社会，谁个穷、谁个真无助，十里八乡的人都心里有数。进入信息社会了，人员大量流动，我们知道火星几日几时几分大冲，一般人却无法掌握乞丐们的真实背景。

我说，那怎么办呢？有些乞丐挡住你的路，展示他们的残疾和可怕，吓得你不得不扔钱。几个人同行，若你袖手而过，就显出小气和不仁，压力也挺大啊。

朋友说，我是从不在马路边施舍的。那样不是仁慈，而是愚蠢。当然了，我不敢说马路边的每一个人都不该救助，但救助也要有现代的意识。你给了一点儿钱，他就叩头，他靠出卖尊严得到金钱，你收获了廉价的欲望满足。你的那几个小钱，是不配得到这样的回报的。他轻易地以头触地，因为他已不看重自我。那种靠展示生理恶疾来压榨人们的感官，更是一种潜在的威胁和逼迫。利用丑恶博得金钱，古来就被称为“恶乞”，被人所不齿。如果你辛辛苦苦挣来的钱却助长了不良之风，不正与你善良的愿望相悖吗？

我听得点头，又问，那我们该如何施舍呢？

朋友说，要有正式的慈善机构来负责这些事务。它要接受各方面的监督，来有来路，去有去向，一清二白才能把好钢使在刀刃上，又省了普通民众的甄别之难。

从那以后，我可以坦然走过乞丐身旁，对那些慷慨解囊之人不再仰慕，对那些扬长而去之人也不再侧目。当然了，也积极向正规机构捐助，并期待他们的清廉。

机遇在不知不觉中降临

学会不怨天尤人，勇敢地负起自己应该负起的责任，这是一种美德，并且会给自己带来意想不到的礼物，那就是，你将一手造就自己的经历，为自己带来好运气。

我一直很相信这样一种说法——当你坚定地承担责任勇往直前的时候，天地万物好像听到了一个指令，会齐心协力地帮助你、提携你。于是，贵人也出现了，机会也在最不可能滋生的崖缝中露出了细芽。

我有时自己也想不通，这不是迷信吗？天下万物怎么会听从一个指令呢？它们的耳朵在哪里？它们的听力如何？这个指令是什么人发出来的呢？它用的是何种语言？

想不通啊想不通！但现实中确实有这样的故事，我听到很多人这样说过，在充满了感动的同时，也充满了疑惑。想啊想，我终于理出了一点儿头绪。

那个帮你忙的指令，其实出自你的内心。一个人，如果他是积极向上、永不妥协的，那么，他的一举一动、一笑一颦，都会放射出这种不屈的信息。这就像香草就要发出烘烤般的酥香气息，拦也拦不住，堵也堵不了。所有经过他身边的人，都会看到这种灼热光华，如同走过夜明珠的身旁。

我坚信，很多人在内心里是愿意帮助别人的。特别是这种帮助并不会带给自身重大损失的时候，很多人都愿意伸出友谊之手。

这种手，有的时候是一个机遇，给谁都是给，为什么不给一个让我们心生好感的人呢？为什么不给一个让人们心怀敬重的人呢？为什么不给一个具备美德的人呢？于是你就得到了它。

有的时候，援手是一个信息。因为你让对方感到愉悦，人在愉悦的时候就会浮想联翩。施助者的潜意识喜欢你，就想，也许这个消息对这个人会有益处呢。于是它把这句话送到了主人的嘴边。很可能连主人都没有意识到这种好感和这条信息之间的关联，但勤快的潜意识就麻利地给办妥了，没想到不经意间，这便成就了你的新生。

更多的时候，援手是一点儿小钱。这对有钱人算不得什么，对贫困之中的人，却是天降甘露。你可能因为有了这点儿小钱，而获得了转机，迎来了拐点。这对于施恩之人来说，很可能是举手之劳。钱和钱的概念有时有天壤之别，用处也大相径庭，钱是会玩魔术的。

援手有的时候只是鼓励和关爱。虽然鼓励和关爱并不需要太大的付出，但人们只会鼓励那些和自己的人生大目标相投的人，会关爱和自己的爱好信仰相符的人。

一个人只有在光明磊落的时候，才会不避讳自己的奋斗目标，才会在很多不经意的瞬间显示出美德和惹人怜爱的细节。而这些，恰好具有打动人心的力量，奇迹就慢慢地显影了。

世界上的事，都是因人而异。对你难于上青天的事，对另外一些人不过是弹指间的小菜一碟。所以，先锤炼你的人格和目标吧。当它们光彩照人的时候，机遇就在不知不觉中降临了。

这没有什么可神秘的，只要你像雏鹰，无数次张开翅膀，有一次正好刮过来了风，那是一股上升的气流。如果你蜷缩在巢中，无论刮过怎样的风，对你都只是寒冷。

心理学教授的弟子

一位心理学教授在录取报考她的研究生时，勾掉了得分最高的学生，取了分数略低的第二名。有人问，你是不是徇私舞弊或屈服于什么压力，才舍高就低？

她说，否。我在进行一项心理追踪研究，或者说是吸取教训。

她是位德高望重的学者，在专业范畴内颇有建树。别人一定要她讲讲录取标准。她缓缓地说，我已经招了多年的研究生，好像一个古老的匠人。我希望我所热爱的学科在我的学生手里发扬光大。老一辈毕竟要逝去，他们是渐渐暗淡下去的苍蓝。新的一辈一定要兴旺，他们是渐渐苏醒过来的嫩青。但选择什么样的接班人呢？我以前总是挑选那些得分最高、看起来兢兢业业、学习刻苦、埋头苦干，像鸡啄米一样片刻不闲的学生。我想，唯有因为热爱，他们才会如此努力取得优异的成绩，因此，他们应该是最好的。我在私下里称他们为“苦大仇深型”的学生。

许多年过去了，我有从容的时间，以目为尺注视他们的脚步，考察他们的历史，以检验当年决定的命中率。

我发现自己错了。在未来的发展中最生龙活虎、最富有潜质并且宠辱不惊，成为真正的学科才俊的是那样一种人——他们表面上像狮子一样悠闲，甚至有点儿漫不经心和懒散；小的成绩并不能鼓励他们，反而让他们藐视般的淡漠；对于导师的指导和批评，往往是矜持而有保留地接受，使得他们看起来不很虚心；多少有些落落寡合，经常得不到众口一词的称赞；失败的时候难得气馁灰心，几乎不需要鼓励；辉煌的时候也显不出异样的高兴，仿佛对成就有天然的免疫力。他们的面部表情总是充满孩子般的好奇，洋溢着一种快乐，我称之为“欢喜型”。

苦大仇深型的学习者，主要是为了改善自己的生存状态，追求科学知识给自身带来的优裕与好处。一旦达到目的，对于科学本身的挚爱就渐渐蒸发，代之以新的更敏捷的优化生存状态的努力。作为一种生活方式的选择，自然无可厚非，但作为学业继承者，则不是最好的人选。

欢喜型的学习者，也许一开始他们走得不快，脚力也并不显出格外的矫健，但心中的爱好犹如不断喷发的天然气，始终燃烧着熊熊的火焰，风暴无法将它吹熄。在火光的引导下，欢喜型的人边玩边走，兴趣盎然地不断攀登，绝不会因路边暂时的风景而停下脚步，直到高远的天际。

心理学教授说，几乎世上所有的事，都可以划分成“苦大仇深型”和“欢喜型”。比如读书，若是为了一个急切的目的而读，待事过境迁，就会与书形同路人。如果真是爱好喜欢，就会永远将书安放枕边，梦中与书相会。

第6000次回答

某机构驻北京办事处的首席代表，是一位外籍女华人。

一次聊天，她说，本公司待遇优厚，事业发展很有前途，因此每次招聘白领，硕士、博士云集，真像一句北京土话形容的——可用簸箕论堆儿撮。好中选优，我的用人标准非常简单。开始阶段，完全唯文凭是举，而且一定要名牌大学的高才生。

我说，这样做是否有遗珠之憾？自学成才的也大有人在，俗话说包子有肉不在褶儿上，路遥知马力、日久见人心啊。

首席代表点头道，你讲得也有几分道理，但现代社会如此快节奏，哪儿有时间像个老农似的慢慢考察马的能力？我没有火眼金睛能看穿人的心肺，只有凭借他的历史。如果是匹千里马，早该穿云破雾战功赫赫。馅儿里藏着很多肉的包子，必会油汪汪、香气扑鼻，不能等咬了一口才知道。

名牌大学的学生，当然也非个个金刚不坏之身，但杰出人才的保险系数大一些。你想啊，重点大学的学生一般来自重点中学，重点中学来自重点小学……据说一个小学生大约要考500次试。念到博士毕业，便经历了成千上万次考试。都说现在学生压力大、精神负担重，能在大负荷下成绩优等，不曾考试昏倒，没有长期失眠，精神无分裂，身体未崩溃……不正说明了他毅力顽强、心理素质稳定，是可堪造就的人才吗？

再者，我喜欢名牌大学学生的自信和优越感，那是一种从小积攒起来的雄厚功力和接受了某种训练培育出的虚张声势型自信，内在质量不一样。后面这种东西，一般的场合下还可凑合，但到关键时刻需要大胆魄、大气概时就易溃败瓦解。现代商战很残酷，谁能在气势上压倒对方，进退有度，坚持到最后一分钟，才能成为长远的赢家。当然，衡量人的整体素质，是综合指标，但我哪儿有那么多时间一一鉴定？只有忙中取巧，简化约分，把复杂的问题程式化。打仗时，大家挑选勇敢的人。和平年代，人们便用名牌大学这孔筛子，做用人的初步甄别。

我说，您的这套观点和现在的素质教育不符啊。人才应该是一个更广博的概念。

首席代表说，我也是无奈。除了分数，中国现在还有哪种比较公平公开而又负责任的评定指标可供用人单位参考？国外是有这种标准的。

我女儿和她的伙伴，都特别踊跃地参加志愿者服务队伍。工作是义务的，没有报酬，但登记处的表格摞得天高。孩子们要是得知申请获得接受，被指派了为公众服务的机会，会非常高兴。动机并不完全出于无私的爱心，关键在于活动结束后，用人部门会出示对志愿者能力和责任感的评语。此种经历和得分，对于就业极为重要。

女儿领受任务回家，对着镜子不停咧着嘴笑。她平常性格内向，不大动表情。那一天，她直笑得腮帮上的肌肉都哆嗦起来，好像白天跑了太多的路，睡觉时小腿抽筋一样。我说，艾尼卡，你这是怎么啦？按照中国话说，是吃了笑婆婆的尿了吗？女儿说，妈妈，我被分到一家像迪斯尼乐园样的游乐城，将穿着员工的制服站在一个岔路口为游人指路。经过测算，游人从进园玩到我所站立的地方，有三分之一的人会有需要方便的念头。虽然一路标有显著的卫生间指示牌，但仍有很多人会四处张望，向服务人员打听——洗手间在哪里？这个时候，我的工作，喏，就是一边打手势一边笑容满面地回答：请往这边走。

工作基本就是如此，很简单，很单调，但是必不可少。今天，公园服务总管问我，你知道每天要说多少遍“请往这边走”吗？我说，不知道。总管说，要回答6000遍。这句话，我相信你在说第一遍的时候会亲切可人、温柔有加，说到1000次的时候也还算彬彬有礼，但你能保证在每天第6000次重复它时，脸上依旧是真切的笑意，口气中没有一丝厌倦的情绪吗？如果你做不到，现在离开还来得及。

我心中一抽，女儿个性强，能承担如此乏味的工作和持续地善待他人吗？没有把握啊。忙问，艾尼卡，你怎样回答？女儿说，我想，这是一个培养爱心、锻炼耐力的好机会，再说为了得到一个就业参考的好分数，我就咬牙答应下来了。您没看我正在练习微笑吗？

艾尼卡真的说到做到了。我曾在游乐园快下班的时候偷窥过她，那大概已经是她当天的第5000多次微笑了，依旧纯真善良、举止到位，无一敷衍。以至义务劳动结束时，她说，妈妈，我已经忘记如何表示愤怒了。当然，她得到了很好的评语。

听完首席代表的话，我说，您这样一讲，我是又明白又糊涂了。明白的是，艾尼卡是一个好孩子。糊涂的是，既然人的优良品质是培养出来的，这不又和您的天生自信学说矛盾了吗？

首席代表笑起来说，不要钻我的空子啊。天生素质当然最好，如果不具备，就只好退而求其次。好比天然的大虾捕捞光了，人工养殖的也行啊。天才加上训练，就更棒啦！

不真实不现实的工作

世界上很少有报酬丰厚却不需要承担巨大责任的便宜事。

记得我曾跟一些上中学的孩子谈心，他们尚年幼，我以为对各自的将来还懵懵懂懂。不想，大谬。几乎每个孩子，都能振振有词地把将来的工作阐述一番。让我吃惊的是，他们向往的职位，都是挣钱多而轻松惬意，且不想负担很大的责任。

我不知道这种想法从何而来，估计是周围的成人灌输给他们的吧。我以为，这是一种不良的期待。

第一，这不真实。世界上有没有挣得多、活儿又轻松的事呢？我不敢说绝对没有，但我敢说，概率一定非常低。如果大家都想找这样的事，那几乎轮不到你头上。依我多年来的经验，在你考虑问题的时候，对那些小概率事件干脆不要打到算盘里，因为太容易碰壁，到那时你会埋怨社会的不公平。其实，是你先对这种可能性的概率失去了公平的判断。

第二，这不现实。现实是，这基本上是个付出劳动才能获得收益的世界。我见过付出了劳动却得不到收益的事，这种事还真不算少。于是便有了这样的说法：只问耕耘，不问收获。为什么不问呢？因为没法问，问了，那回答也不乐观，收获很可能是零。因为你做事的过程中，你收获了喜悦，乐在其中，也就物有所值。总而言之，你干活得不到报酬的事，常常发生。反过来的事，几乎没有。你说现实残酷也罢，不讲理也罢，它就是这样一板一眼，自说自话。

第三，行业中有许多秘密你不知道。你看到的只是表面现象，为什么别人可以得到既风光、收入又好的工作？当事人不一定把所有的秘密都告诉你。我认识一个被人包养的女人，她的那位所谓的“老公”，每月给她一份不薄的薪水，给她置办了好房子和红木家具，表面上看起来，她养尊处优，非常惬意。同她处得久了，她说，这也好比一份工作，要保住这份工作，付出的辛劳非同小可。

我说，看不出来啊。你每天好像神仙般悠闲。

她说，其实，我每天战战兢兢。家中的老板什么时候不要你了，炒你的鱿鱼，都完全有可能。我连普通员工都不如，因为你不会得到提前通知，也不能问为什么。没有任何为什么，只是看你不顺眼了，我就必须从这个职务上下岗了。我也不能要求涨工资，老板给你一个，你花一个，完全不知道自己的晚年将如何过。所以，其实不是给一个钱就花一个钱，而是只能花半个钱，那半个钱要存起来，留到人老色衰被抛弃时补贴家用……

当然了，这是一个比较极端的例子。写在这里，是想提醒那些期望少干活多拿钱的人，及早放弃这个念头。不然的话，徒生烦恼和痛苦。

兴趣就像食物，越丰富越好

一位营养学家曾对我说："一个人每天摄入的食物，至少要超过十八种。"我吓了一大跳，叫道："哎呀呀，那么多！肚子里岂不是要开一个杂货店？"营养学家说："人的成长发育就像建造一座大厦，需要各种各样的材料，比如砖瓦木料、油漆水泥、瓷砖钢窗、浴缸水管……在一个人小的时候，营养越丰富越好，才能保证身体健康、骨骼强壮，长成优良的体魄。"

他的话，我思索了很久。从人的生理想到人的心理，如果说，一个孩子长身体的时候，食物越丰富越好，那么，在发展个人精神世界方面，也不应该偏食，需要从小培养起对世界广泛的兴趣。

小时候，我天性好动，每天到处跑来跑去，眼睛看到一个目标，脚步就不由自主地奔过去。眼光可比双腿跑得快多了，这样，人的重心就向前倾斜，接下来的事件就很可悲了，全身凌空飞起，一个大马趴，摔倒在地上。我对于“欲速则不达”这句话的体会，简直刻骨铭心。因为后面的事就不是到达目的地后如何满足好奇心，而是膝盖磕到地上，鲜血流淌，疼得直抽冷气。但这种凄惨的遭遇，并没有损耗掉我对未知事物的兴趣，只是以后慢慢地不那么毛躁了，眼睛在盯着目标的时候，也要关心脚下的路上是否有石子。

我喜欢语文，也喜欢数学。我觉得这两门功课都很重要，一种是说话的学问（我把写文章也放在广义的“说话”范围里，它指的是用笔把你心里要说的话，告诉别人），一种是计算的能力。人活在世上，离不开与人交流和科学技术两件大事，这就和语文、算术密切相关。要是你连自己的意见都表达不清，就很容易引起别人的误会，这样，一来耽误时间，二来也会增加许多不必要的麻烦。至于数学，是科学的奠基石，就不必我多说了。所以，对于必须掌握的功课，要从道理上明白它的重要性。兴趣和道理，像一对双胞胎，有时候，我们是先有了兴趣，才明白其中蕴含的道理，比如瓦特发明蒸汽机；有的时候，恰恰相反，是我们明白了道理，才逐渐地培养起兴趣。

我十六岁的时候，被分配去当卫生员。当时我伤心死了，觉得自己很倒霉，一天净和脓血、病菌打交道不说，见到的人还没有一个笑模样，都是唉声叹气、愁眉苦脸的病秧子。心想这样干下去，用不了多久，自己肯定也得变成一副苦瓜脸。但是我在理智上知道这个工作还是很光荣的，一个人得了病，就是他一生中最需要人帮助的时候。谁能保证自己一辈子永远健康呢？在别人最需要的时候，能够为人家做一点儿事情，就应该竭尽全力。我强迫自己认真地学习医学知识，热情为病人服务，慢慢地就对医学有了兴趣，病人都爱找我看病，说我是个好医生，我后来一直当到了内科主治医师。在从事医学工作二十年以后，因为写作的需要，决定暂时不当医生了。脱下穿了几十年的白色工作服时，我的心里充满了一种难舍难分的眷念，我这才意识到，对医学的兴趣与热爱，已深深地融化在我的血液中。

人的兴趣也应该像吃饭一样，不挑食。世界是这样绚丽多彩，像一台大屏幕的彩色电视机。你要是把自己的兴趣局限在很小的范围，就像一台小小的黑白电视机，限制我们的视野。

爱好大自然，应该是我们所有爱好中最经久不息、永不褪色的选择。人类是自然之子，我们从自然中来，还要回到自然中去。自然教给我们很多书本上没有的知识，让我们感悟到生命的宝贵和时间的永恒。大自然会激起我们探索宇宙奥秘的信心，会荡涤我们在城市中变得迟钝的神经，会使我们变得善良宽容，与世界上的万物和平相处。

人的兴趣像一种奇怪的竹子，会在某个特定的时候猛地蹿出坚硬的土地，新生的笋芽见风就长，如果有了合适的水土，就会蓬勃地指向蓝天，长成一竿笔直的翠竹。记得那时我上小学五年级，读了一些天文学的书，突然对辽阔的星空产生了强烈的好奇，每个晴朗的晚上都仰着脖子，在城市明亮的灯光缝隙中，吃力地辨认着天上的星座，甚至希望自己也能发现一颗偶然闯过的小星，会以我的名字命名……我甚至给当时的北京天文台台长写了一封信，向他请教一个很专业的天文学问题，那是我从一本天文学著作中看到的一个迄今未解决的天文学疑案。我每天都到学校的传达室，焦急地询问有没有我的信，但是很可惜，直到我小学毕业，也没有收到台长的回信。我临离开学校的最后一件事，就是嘱咐看门的老大爷："要是有了我的信，可千万要告诉我啊。"我始终没有收到印着"北京天文台"字样的信封（它不止一次在我的睡梦中翩翩飞来，信封是蓝色的，台长的字迹很大，可就是看不清写的是什么，真急死人），不过，这一点儿也没让我灰心，我下定决心，长大后要投考大学里的天文系，亲自探索宇宙的秘密。要不是后来爆发了"文化大革命"，我们这一代人都失去了上学的机会，我一定会梦想成真。我一直保持着对自然科学浓厚的兴趣，可能和小时候的这段经历有关。

就像自然界存在着生态平衡，各种营养素之间需要互补一样，兴趣越是多样化，越能开阔我们的眼界，融会贯通，使我们心明眼亮，反应机敏。比如你热爱电子计算机，就要涉及软件、硬件许多领域，它促使你读外语、查字典，学习更多的科学技术。如果你热爱集邮，小小的方寸之地里，有纵横古今、驰骋八方的知识。如果你对体育有兴趣，它除了送你健康的身体和高超的技巧以外，还会锻炼你的友善与合作精神。如果你爱好书法和绘画，那就更是在文化和艺术的大海里游泳了……

一个人在少年时代，应该努力培养自己多方面的兴趣，尽力开拓自己的潜能。因为每个人都是与众不同的个体，一定有一个自己特别爱好、特别感兴趣的事物的种子，埋在我们的心底。有的人寻找一生，也不知道自己到底爱干什么，怎样才能干得更好。真正的兴趣，或许像一只狡猾的小狐狸，潜伏在草丛中睡不醒。只有“广泛爱好”这张巨大的网铺天盖地罩下来，才有可能把小狐狸捕获，让我们受益终生。

爱因斯坦说过，爱好是最好的老师。我对这句话的理解是——人凭着责任心，是可以把自己不爱好的事干好的；但人若是干自己爱好的事，再加上责任心这强有力的翅膀，他就会干得更出色。而且这个充满乐趣的工作，会使他满怀创造性劳动的自豪感，取得更好的成绩。

我从小就喜欢作文，那时并没有想到以后要当作家，只是觉得语言是一种很有趣的东西，可以把心里想的念头留在纸上，不管多长时间以后，只要你重读这些文字，以前的感觉就十分神奇地复活了。后来我当医生，很想使自己忘掉对语言的这种热爱，因为一个医生只要服务态度好，对病人能把他患病的情况深入浅出地解释清楚，也就说得过去了。但是我真的无法放弃对语言的这种关注，包括我写病历的时候，在力求精确迅捷的前提下，也总忘不了来一两个形容词。后来，当我终于有机会在写作和医学之间做一个选择的时候，我知道对我来说，继续做医生是很保险、轻车熟路的事，而写作是崭新的挑战，我很为难。

半夜醒来的时候，我对自己说：“你是更喜爱医学，还是更喜爱写作呢？”

我听见自己的心灵在回答：“我更喜爱写作。”

我听从了自己的兴趣和爱好。写作使我很辛苦，但也使我很快乐。“爱好”不单成了我的老师，简直就是我的军师。

首选护林员

我有一套表格，是根据一个人的性格、爱好、才能、本领等特征预测职业选择趋向。当然，结果仅供参考。朋友们知道了，有时会说，嘿，把你那沓表借咱使使，看看天生是从事何种职业的料子，现在还有没有转轨变形的可能性。我嫌麻烦，就说，人家国外都是给大学毕业生或待业青年找工作时才做这种测验，您都七老八十的喽，不说事业有成，也算轻车熟路了，怎么着，还真想重打鼓另开张啊？再说啦，这种表格是外国人设计的，统计数据也是海外的，简单移植过来，不一定准的。

我劝阻。但是，几乎没有一个人收回他们的要求，坚持着，从请求到恳求，甚至……哀求（假装的），直到我答应。我从中得到很惊奇的发现——现今社会中，有把握确认所从事的工作，正是自己爱好和擅长的人，少得令人叹息。现代人对于职业，普遍在一种不肯定、不确信的状态中游弋，懵懂茫然，期待着来自外界的确认或改变。

测验结果，令人瞠目。

一位优秀企业家，他的最佳职业选择应是动物学家。

一位兢兢业业的公务员，所得结果是民间艺人。

一位电脑工程师，竟是农场主。

一位警察，干脆提示他可以试试做个神职人员。

……

凡此种种，南辕北辙，有的还不符合国情，闹得我对该表很没几分信心了。朋友们的反应，更叫人难以捉摸。不摇头也不点头，讪讪的，淡淡的。更有甚者，神秘莫测地笑笑，一反当初的诚恳和迫切，王顾左右而言他，好似我辛辛苦苦做出的结果和他不相干。

次数多了，我也意兴阑珊。一天，一位很要好的朋友又求做这个表。我懒懒地说，做，可以。只是我做完了之后，无论那个结果怎样出乎你的意料，你都得把真实想法告诉我。她想了有25秒，说，好！

她是一家律师楼的合伙人。早年我一听到“合伙人”这个词就想笑，觉得像开卖瓜子的小杂货店，这两年不敢笑了。朋友在业内已声名卓著，物质也大大丰富了，出入香车。我到她郊外巍峨的别墅看过银河（北京城里通常是看不到星星的）。

用处理法律文书的严谨和节奏，她填完了表格。我把测验完成之后，先检查了两遍，然后盯着她问，还记着咱俩的约定吧?

她敲敲自己的头说，律师的脑壳，是电脑加文件柜。

我说，你可以兑现了。

我把测验结果递给她。在职业选择的顺序表上赫然列着——首选护林员。

寂静。在我和她之间，犹如隔着一片被烈火焚烧过的旷地，没有林涛，也没有鸟鸣。我说，反悔了，是不是？我也不明白怎么得出了这结果。你是多么出色的律师啊。我见过你出庭，唇枪舌剑胜似闲庭信步。最大的可能性，是这个表错了。

女律师看着我，目光好似看一个嫌犯。她用我从来没听过的声调缓缓说，哦，那表没错，错的是我曾经的选择。刚才那一刻，只有一个念头，就是想掉眼泪。滚滚红尘中，没人知道我的心，包括我的父母和我的丈夫。远远的异国，却有一张不知何人打造出的表格直穿我胸襟，让我和我的灵魂有了一个突然而痛楚的接触，才知道这一生的真爱在百般打压之下依然安在。我愿被遮天蔽日的绿色掩埋，喜欢与世隔绝的静谧和亘古不变的安详。在与人屏蔽的大自然里，听蚯蚓爬过蘑菇根和蝴蝶须子拍破露珠的声响……我从来没对任何人说过这个心愿，以为成功地将它谋杀在少年时代。没想到，它如此鲜活地蛰伏在我内心最幽暗的水塘里，直到这张表钓它到阳光下。我每天忙着，为了许许多多的利益和功名，至今没有机缘走入原始森林一步。我能为树木所做的唯一的事，就是节省几张复印纸。哦，护林员，多好听的名字啊！念起它的时候，喉头充满了松脂的爽滑，连肺也像白纱裙一样鼓胀开来，可惜，我吸进的依然是城市嗅过千百次的废气……

轮到我不知如何回应，唯有沉思。方明白一个人的职业，如果能和爱好契合，将是怎样的幸福。如果背道而驰，不管他依仗智力的超拔和人格的卓绝，凭借外力的援送和机遇的佳美，到达怎样精彩的高度，他内心总不能无拘无束地快活。一个苦苦的祈盼，在沉沉掩埋下愈老弥坚。如同三千年的古莲子，在枯燥中黑暗地坚守，期待有朝一日冲决而出重绽花朵。

你何时回你的森林？分手时我问。特别用了“回”这个字眼。那儿是她心灵的家园。

以眼前这个忙法，等退休以后了。她捋捋满头的青丝，苦笑着说。又补充一句，找的人这么多，只怕退了也安生不下来。只有一个办法，把骨灰撒在白桦树下。

魂灵也要看守森林，上车时她说。

你是百分之三吗

如果有一天，你说：这份工作给予我高峰体验，让我得到了很大的乐趣，更不可思议的是，还让我得到了金钱。那么，恭喜你。你把自己的兴趣和对公众的服务结合到了一起。据说，能够做到这一点的人，只占整个人口的百分之三。

不要小看了工作。工作是让我们觉得生命有意义的重要组成部分。如果你只把工作当成赚钱的工具，那么，你就丧失了人生极大的乐趣。一份喜爱的工作，让我们具体有了使命感，给了我们身份，是我们应答社会召唤的方式。我们的潜能得以在一个公众的平台上发挥，我们回报了社会，我们的内心收获了满足。

每样工作都有快乐，同理，每样工作也都有苦恼。现在的问题是——这快乐是否相宜于你？快乐也是有质量高下、持续长久之分的。有的快乐，只是好奇，当你知晓了其中的秘密，快乐就转变成了厌倦。有的快乐，却如醇酒，时间越长，你越感知到醉人的芳香。谈到苦恼，这可要认真琢磨一番。相比之下，苦恼比快乐更重要，因为这是你的底线。你是否可以接纳持之以恒的苦恼？你对苦恼的容忍程度到底怎样？你能容忍的时间是多久？你能为此做出多少改变呢？

人格对职业的影响力，远远不及兴趣。你要尽量拓展对某一行业的了解，它是什么？它做什么？它的行规是什么？这不是一项简单的功课，要知道，现在有超过两万种的职业在地球上开展。每一个行业都有行规，你如果不了解行规，贸然入行，很可能受不了。你不懂的游戏规则，游戏就会给人焦虑和压力。

行业里也有许多潜规则，你可曾知晓？我知道有一些潜规则是上不得台面的，但多少年来，他们一直在那个行业的激流之下存在着。如果你要接受这个行业，你就要了解它的全部：桌面上的和桌面下的。如果你有精神的需要，就要远离某种潜规则。你不可能一边控诉着，一边利用着，那你本人也成了潜在水面下的生物。

当你尝试着做一件充满了创造性的工作，应当更相信你无微不至的直觉，不必掺杂过多的理智。因为理智通常是通过已有的经验来做判断，但这一次，过多的理智会充当刺客。

由于工作价值与生命意义的联系陷落和崩裂，现代的人们常常伸手不见五指地迷茫。工作占去了青葱岁月豆蔻年华，投入心血，殚精竭虑。当我们不再能从工作中找到快乐和意义的时候，负面的力量会来得如此之大，决然超过了你的预期。然而工作里越是找不到幸福感，我们越是要去寻找它。这就形成了最凶险的悖论。

听过这样一句名言：世界上最幸运的人，是找到一份工，他不用工作。这话语有一点点拗口，说白了，就是你能把工作变成玩耍的一部分。在你工作的时候，完全不觉得这是被迫的事情，而是发自内心地喜爱。

工作就是爱自己、爱社会，是混合着生活素质和成就感的一杯鸡尾酒。如果你仅仅把工作变成了养家糊口的营生，那就不单对不起自己，也对不起工作。

工作是可以换的，但事业不会。事业给生涯一个方向。事业是持续的，是和人生观、价值观挂在一起的。生涯更是一个宽广的概念。这就是工作和事业的不同。如果你能把工作和事业熔炼在一起，那就是天人合一了。

所有的工作，都有它的神圣性，都有喜欢它的人存在。要力争把你的工作变成你的兴趣所在。这是一种纯美的境界。你做这件事，这件事让你快乐，让别人感到有帮助，人家还付酬金给你，你说这是不是多方共赢、皆大欢喜呢？这样的事，从天上掉下来的时候固然是有的，但肯定概率极低。所以，你要用心去寻找，以求达到幸福的高峰——有点儿像结婚。

你的身体里必有一颗成功的种子

在每个人的生命里，都有一个关于创造的秘密，等待着被发现。那将是你的第二次诞生。

你一定要相信，在你的身体里，有一颗种子，焦灼地盼望着阳光。至于它到底是一颗什么种子，在没有发芽之前，谁也不知道。

你的责任就是给它浇水，保护它不被鸟雀啄食，不因为干渴而失去生机，不会被人偷走，也不会在你饥肠辘辘的时刻被你炒熟了充饥。如果那样做了，你虽可一时果腹，却丧失了长久发展的原动力。

那颗种子可能藏在你的耳朵里，你就有灵敏的听觉。可能藏在你的手指甲里，你就有非凡的触觉。也可能在你的眸子里，也可能在你的肌肉中。当然了，更可能在你的大脑中、心脏里、双手中……

每个人在属于个人的成长经历中，早已获得了解决问题的丰富宝藏。请信任我们的潜意识，它必定能在正确的时机产生恰当的回应。告诉你一句悄悄话——有时候，信息也将以非语言的方式揭露真相。

找找吧。一定找得到！

身体里绝对有不少于一百种的功能，能保证你在浑然不觉中完成种种复杂的运作。但你不要以为功能们会一直老老实实地待在那里，它们是勤勤恳恳的，却不是任劳任怨的。如果你一直视它们的存在为理所当然，从来不照料它们，不维护和激励它们，或是过度使用，或置若罔闻，那么，它们不是反抗，就是消极怠工，也许集体突围，无声无息地溜走了，然而你误以为它们从来不曾居住在你的身体里。要知道，一辈子无意识地随波逐流，会导致你各种功能的退化。

成功并不像想象的那样难。因为我们不敢做，它才变得难起来。

所有的动力都来自内心的沸腾

一个人躺在地上，如果他不想起来，那么十个人也拉不起他来，即使起来了，他也马上会趴下。

所有的动力都来自内心的沸腾。如果你做不到一件事，无论是搞好关系还是寻找爱人或者减肥，都是因为他还没有真正想做。

这是一个很有意义的心理小游戏。来，纠集起十来个人，然后找一个人来扮演那个躺在地上的人。不用找体重特别沉的，那样容易影响咱们这个游戏的真实感。请这位朋友赖在地上，大家用尽全力把他拽起来。

我见过三十个人都拉不起一个人的情景。我本来在上文中想写这个数字，但又怕大家觉得太夸张了，就写了十来个人。这是千真万确的。只要你不想起来，没有人能把你拉起来。心理上的问题也是一样的，只要你没想通，你不是真的心服口服，那么，无论外界多么努力，都是劳而无功。

女子当妈妈，对待自己的孩子时，要记得这个游戏。他虽然小，也有自己的独立意志，你要把道理给他讲清楚，而且要让他明白这样做的目的是什么。有人会觉得孩子还小，没必要讲那么多。可是，成长是一个逐渐发生的过程，你不能在一颗幼小的心里种下强权的种子。以理服人而不是以力服人，这是从小就要养成的习惯。

你举目四望，很容易就能发现：很多人的生理上的需求得到了满足，但他们仍然不满意，奔突不止，躁动不宁，缺少一种能使他生机勃勃的动力，欠缺稳定祥和。像这样缺少主动性的生活，无论表面上多么风光，都是不值得羡慕的。

那种使自己变得生机勃勃的动力是什么呢？谁来回答你呢？谁来帮你寻找呢？谁为你一锤定音？没有别人，只有你自己。只有当理想的光芒照耀着我们，而且它和广大人群的福祉相连，我们才会有大的安宁和勇气。

你可曾体会到种子的疼痛？那种挣开包锁自己的硬壳，顶出板结的土壤的苦难，对一个柔弱的芽来说，可以说是顶天立地的壮举。一个人觉醒时的力量，应该大于一粒种子啊！

有些人把梦想变成现实，有些人把现实变成了梦想。关键是，你的梦想是什么，你为你的梦想做了什么。

有梦想，就不会寂寞。当你寂寞的时候，只要招招手，你的梦想就飞到了你身边。剩下的事，就是琢磨怎样把梦想变成行动了。

风不能把阳光打败

“但是”这个连词，好似把皮坎肩缀在一起的丝线，多用在一句话的后半截儿，表示转折。

比方说：你这次的考试成绩不错，但是——强中自有强中手。

比方说：这女孩身材不错，但是——皮肤黑了些。

不知“但是”这个词刚发明的时候，它前后意思的分量是否大致相当。也就是说，它只是一个单纯纽带，并不偏向谁。后来在长期的使用磨损中，悄悄变了。无论在它之前堆积了多少褒词，“但是”一出，便像洒了盐酸的污垢，优点就冒着泡没了踪影，记住的总是贬义，好似爬上高坡，没来得及喘匀口气，“但是”就不由分说地把你推下了谷底。

“但是”成了把人心捆成炸药包的细麻绳，成了马上有冷水泼面的前奏曲，让你把前面的温暖和光明淡忘。只有振作精神，迎击扑面而来的顿挫。

其实，所有的光明都有暗影，“但是”的本意，不过是强调事物立体。可惜日积月累的负面暗示，“但是”这个预报一出，就抹去了喜色，忽略了成绩，轻慢了进步，贬斥了攀升。

一位心理学家主张大家从此废弃“但是”，改用“同时”。

比如我们形容天气的时候，早先说：今天的太阳很好，但是风很大。

今后说：今天的太阳很好，同时风很大。

最初看这两句话的时候，好像没有多大差别。你不要着急，轻声地多念几遍，那分量和语气的韵味，就体会出来了。

“但是风很大”，会把人的注意力凝固在不利的因素上，觉着太阳好不是件值得高兴的事情，风大才是关键。借助了“但是”的威力，风把阳光打败。

“同时风很大”，它更中性和客观，前言余音袅袅，后语也言之凿凿，不偏不倚，公道而平整。它使我们的心神安定，目光精准，两侧都观察得到，头脑中自有安顿。

一词背后，潜藏着的是如何看待世界和自身的目光。

花和虫子，一并存在。我们的视线降落在哪里？

“但是”，是一副偏光镜，让我们把它对准虫子，把它的身子放得浓黑硕大。

“同时”，是一个透明的水晶球，均衡地透视整体，既看见虫子，也看见无数摇曳的鲜花。

尝试用“同时”代替“但是”吧。时间长了，你会发现自己多了勇气，因为情绪得到了保养和呵护。你会发现拥有了宽容和慈悲，因为更细致地发现了他人的优异。你能较为敏捷地从地上爬起，因为看到沟坎的同时，也看到了远方的灯火……

人心要有准则

别人不做你要求的事情，并不一定是因为他没有听懂你的话，他不跟从你，极有可能是因为他不想这样做。所以，你不必说了又说，那除了把自己变得琐碎不堪，别无益处。这时候，最好的方法就是让他自己去探索，即使头破血流，那也是成长必须付出的代价。

要学会拒绝而无内疚感。当我们拒绝他人的时候，常常容易引发强烈的内疚感。这会干扰决定。如果因为你的某个决定而伤害了某些人的利益，你不必内疚。内疚除了折磨自己，还会使人昏庸。

有时通往地狱的道路上，铺满了良好祝愿的地砖。这世界上悲惨的事情之一，就是善意成了悲剧的指路标。

有人把房子当成生活最好的原动力，这就像把金钱当成原动力一样，短视而荒唐。这两年，房子涨价，人人都会和房子有着千丝万缕的关联，房子俨然变成了家庭的一员，甚至是太上皇。房子不像金钱看起来那么令人眼花缭乱，当我们想起房子的时候，很快就联想到亲情、温暖、团聚、会餐……这个速度快到我们难以察觉，久而久之，很容易跨过房子的经济属性，直接进入温情脉脉的氛围，以为房子就是家人和天伦之乐的代名词。

哦，还是要分开。没有房子，固然令人惆怅，但我们依然可以在租来的狭小房子里享受人生的快乐。如果没有了心灵的对接，大的房子也有可能变成大溶洞一样空寥。

人心如果没有准则，一个有着丰富多样性和选择性的时代的降临，就是灾难。如同一条没有方向感的小舟遇到了东西南北风，你说它将驶往何处？物质太纷繁了，容易让人迷失。这不该谴责物质，只是要让心境更加清明。

放弃并不等于失败

放弃争夺，并不是拱手让别人赢，只是舍去和远离。我不和你们赛跑，并不表示自己的失败，只是说明我们没有开始比赛。

人生似乎离不开比赛，但其实，人生根本就不是比赛，你和谁都不需要比。如果一定要找到对手，那就是死亡，但结局已经注定，所以，这也不是比赛，只是过程。承认在某些问题上的无能为力，你反而可以把更多的力量投入真正可以取得成效的领域。

我年轻的时候，常常羞于说出自己已黔驴技穷。我总想挣扎，总以为凭着自己不懈的努力，可以扭转乾坤。现在，我这样坚持的时候越来越少了。我常常退却，因为我知道一己微弱，有时要暂时偃旗息鼓。但我不会放弃，不过是换了另一种节奏的步伐。

放弃并不等于失败，因为你没有参加比赛，所以那个结果与你无关。但放弃也不等于成功，因为你缺席了，结果是躲避和退让。如果是一次，可以算作一个策略；如果常常如此，你就在实际上放弃了多彩的人生。

人一生，不能不放弃。一次都不放弃的人生，是不现实的。起码你最后一次是放弃生命，你不想放弃也不行，有自然规律管着呢。在这之前，你还曾放弃过青春，放弃过健康，也可能放弃过理想，放弃过亲人……

不管你喜欢还是不喜欢，你必须放弃。放弃是一个强有力的席卷者，最后会将我们的一切都打包带走。所以，学会和放弃和平共处吧。你越早学会，越受益无穷，因为放弃不是失败，只是一个阶段。随着年龄的增长，我们的生命越来越由我们的选择来塑造。你活得越久，你的选择就越多，你越要小心地做出决定。但是，也不应该事事都放弃，你不能总是这样，那是懦夫和懒汉的哲学。

顽强比坚强更重要

人对自己的生活，肯定是要有规划的。但当新的事件发生的时候，你要有能力修改自己的计划。当然了，我这里说的是比较短期的计划，而不是讲你的人生目标翻手为云覆手为雨地变个不停。如果你不能放下已经规划好的生活，就无法迎接那些等待着你的新的生活。

走错了，能不能回到开始的那一点，重新开始？有的时候可以，大部分时候，不可以。因为你已经输掉了信任和时间。人不可能重新踏入同一条河流，更不要说同一个起点了。每一个变数都会影响发展的方向和进程，对此，我们要有充分的思想准备。

那些非常善于逃跑的人，第一次，跑就跑了吧。第二次，也容他再跑一次吧。但第三次，就不应该再放任自己或他人了。总是放弃，断没有前进。

创造力充沛的人，通常要有一颗小孩子一样的心，充满了好奇感。好奇这个品质，在小孩子是天然，在大人就需要刻意保持。我所说的刻意，不是让你处处装出大惊小怪的样子，而是一种发自内心的、探索这个世界的乐趣。这并不难，因为世界本来就充满了未知的领域，你只要不有意磨灭自己探索的眼光，好奇心就会像忠诚的宠物，寸步不离。

要有幽默感。幽默感的产生来源于对自己的接纳，对人类境况的接受，而后就有了玩笑感。幽默应该是没有敌意的，有敌意的，那就叫作挖苦了。如果你不会幽默，这也没什么好自卑的，也不需要特意去学习。保持你原来的样子就好，不必太在意。

对一个成功的人来说，其实顽强比坚强更重要。“坚”的意思是摧不垮的，但是，顽强，除了硬度这一条，还特别强调了千百次的概念。

“顽”是什么意思？冥顽不化啊。相信自己，绝不改变。

布雷迪的猴子

当心理医生的朋友给我讲过一个故事——布雷迪的猴子。

布雷迪不是一座山，也不是一片茂密的原始森林，而是一位科学家的名字。

那是一个晴朗的日子，两只猴子各自坐在它们的椅子上，像平常一样开始了生活。但宁静仅仅维持了片刻，20秒钟后，它们猛地同时遭到一次电击。这当然是不愉快的感受了，猴子们惊叫起来。

被仪器操纵的电源，毫不理睬猴子们的愤怒，均匀恒定地释放电流，每20秒钟准时击发一次。猴子们被紧紧地缚在约束椅上，藏没处藏，躲没处躲，只得逆来顺受。

但猴子不愧为灵长目动物，开始转动脑筋。很快，它们发现各自的椅子上都有一根压杆。

甲猴在电击即将来临的时候揿动压杆，电击就被神奇地取消了，它俩也就一同逃脱了一次痛苦的体验。

乙猴也照样揿动压杆。很可惜，它手边的这件货色是摆样子的，压与不压，对电击没有任何影响。也就是说，乙猴在频频到来的打击面前束手无策。

实验继续着。甲猴明白自己可以操纵命运，它紧张地估算着时间，在打击即将到来的前夕不失时机地揿动压杆，以避免灾难。当然，它有时成功，有时失败。成功的时候，它俩就有了短暂的休息；失败的时候，它们就一道忍受电流的折磨。

时间艰涩地流淌着，实验结果出来了。在同等频率、同等强度电流的打击下，那只不停揿动压杆、疲于奔命的甲猴，由于沉重的心理负担，得了胃溃疡。那只听天由命、无能为力的乙猴，安然无恙……

假若是你，愿做布雷迪实验里的哪一只猴子？朋友问。

我说，我是人，我不是猴子。

朋友说，这只是一个比方。其实，旋转的现代社会和这个实验有很多相同之处，频繁的刺激接踵而来，人们生活在目不暇接的紧张打击之中。大家拼命地在预防伤害，采取种种未雨绸缪的手段。殊不知，某些伤害正是在预防中发生，人为的干预常常弄巧成拙，适得其反……所以，人们有时需要无奈，需要阿Q，需要随波逐流，需要无动于衷、听其自然……

我说，我对于这个心理学经典的实验没有发言权。如果布雷迪先生只是借此证明强大的心理压力可以致病，无疑是正确的。

停了一会儿，我对她说，你刚才问，假如是我，会在猴子中做怎样的选择。经过考虑，我可以回答你——我愿意做那只得了胃溃疡而仍在不断揿动压杆的猴子。

朋友惊讶地笑了，说为什么。她问过许多人，他们都愿做那只无助然而健康的猴子。

我说，那只无助的猴子健康吗？每隔20秒钟准时到来的电击，是无法逃脱的、不以个人意志为转移的恶性刺激，日复一日，终有一天会瓦解意志和身体，让它精神失常或者干脆得上癌症。

它暂时还没有生病，那是因为它的同伴不断地揿动压杆，为它挡去了许多次打击。在别人的护翼下生活，把自己的幸运建筑在他人的辛苦与危险中，我无法安心与习惯。

再说说那只无法逃避责任的甲猴，既然发现了可以取消一次电击的办法，它继续摸索下去，也许能寻找出更有效的法子，求得更长久的平安。压下去，拖延时间，也许那放电的机器会烧坏，通电的线路会折断，椅子会倒塌，地震会爆发……形形色色的意外都可能发生，只要坚持下去就有希望。

一百种可能性在远方闪光，避免一次电击，就积累了一次经验。也许实践会使它渐渐熟练起来，心情不再紧张、悲苦，把撳动压杆只当成简单的游戏……不管怎么说，行动比单纯的等待更有力量。一味地顺从与观望，办法绝不会从天上掉下来。

当然，最大的可能是无望，呕血的猴子无奈地撳动压杆到最后一刻……即使是这样，那我也绝不后悔。

因为——

假如我和那只猴子是朋友，我愿意把背负的重担留给自己。

假如我和那只猴子是路人，我遵照我喜爱探索的天性行事。

假如我和那只猴子是敌手，我会傲然地处置自己的生命，不在对方的荫庇下苟活。

所以，天造地设，我只能做那只得了胃溃疡的猴子。

苍蝇向何处而飞

从小我就知道自己是个笨手笨脚的女孩，最显著的证据就是我打不到苍蝇。看那家伙蹲在墙上，傲慢地搓着手掌，翅膀悠闲地打着拍子，我咬牙切齿地用苍蝇拍笼罩它，屏气，心跳欲炸。长时间瞄准后猛然扑下，苍蝇却轻盈地飞走了，留下惆怅的我欲哭无泪，悔恨自己竟被一只苍蝇打败。

甚至我第一次有意识地说谎，也同苍蝇有关。每年夏天，少先队都要开展打苍蝇比赛，自报数字。面对同学们几十上百的战果，我却只能报出寥寥几个，惭愧无比。想打杀更多苍蝇的心愿火烧火燎，但我遇到的苍蝇都狡猾无比，无论我瞄准多长时间，它必能抢在我落拍之前起飞逃窜，且定可逃脱。绝望之中，我确信自己先天性手脚搭配失灵，不然为什么人人都能轻易做到之事在我却如此艰难？为了面子好看，我开始虚构消灭苍蝇的数字，幸亏我学习不错，又是大队长，信誉还凑合，以至没人怀疑。可说了假话，终是恐惧，为了心理安稳些，下次看到苍蝇，我就闭着眼睛把蝇拍砸下，然后并不看打到没有，便扬长而去。这样报数时，压力轻些。

后来当兵，射击训练时手抖得像得了老年震颤症，三点无论如何瞄不成一线。老兵宽慰说，这对新兵很正常，练练就好，没什么稀奇。但我羞惭不已，四处检讨自己笨，一心想提前制造舆论，为实弹射击吃鸭蛋埋下伏笔，让大伙先有个思想准备，觉得本人打不中靶子理所当然。虽然后来我的射击成绩是“优”，开展争特等神枪手运动时，还是知趣地逃之夭夭。我固执地认为，那次好成绩纯属偶然，先天缺陷无药可治。

实习军医时，外科主任说，我看你反应快、素质好，培养你成为外科一把刀如何？那时学员之间流传着：金外科，银内科，破铜烂铁妇儿科……女生能被外科权威挑中，是天大的福气。但我毫不迟疑地拒绝了，胡乱找了一个理由，说我晕血，不喜欢外科。其实内心真正的恐惧是——外科讲究心灵手巧，我是一个连苍蝇都打不了的人，怎么能成为出色的女外科医生呢？还是知难而退吧。

多少年来，凡是需要手眼配合的关头，我都自觉地退避三舍。哪怕是学气功和防身武术，心中热望，迫切报名，最后关头均以退出告吹。解嘲道，我很笨，肯定学不好，甭浪费老师的时间吧。我尽量地躲避需要身体运动的技术，怕自己像打不到苍蝇一样在众人面前丢丑。因为这种遮掩退避，在漫长的岁月里，我的手脚果真变得越来越笨了。

人到中年，突然在一篇科普文章中看到，通过超高速摄影，然后慢速回放，可以观察到苍蝇起飞的那一瞬是猛然间向后飞翔。如果你想准确地命中苍蝇，就要瞄准它的后方……

没人知道，这行简单的字迹给我带来了多么大的震撼和心灵救赎。那一刻，我几乎热泪盈眶。

我明白了，打飞苍蝇，不在于动作笨拙，而是大脑无知。因为求胜心切，所以长时间地瞄准，惊动了苍蝇，失去了就地歼敌的良机。紧接着，在运动战中杀灭对方的意图又因错误判断苍蝇是向前飞行而导致屡战屡败。

一个简明的道理，搞懂它，用去数十年。那只想象中的巨蝇，横亘在我人生旅途上，不止一次强烈地干扰了我的重大决策。我从未对人谈起过这只苍蝇，但我知道，它阴险地活跃在我的自我判断中，让我自卑，催我退缩，它使我自动放弃许多学习各种事物的成长机会，又成了我姑息自己推诿责任、倚靠他人、不肯努力的挡箭牌和遮羞布。

我剖析自己，思考良久。人们容易夸大自己的成绩和优点，沾沾自喜。这虽然不明智，起码尚好理解。但我们有时夸大自己的失误和缺陷，甚至以此为盾，振振有词，究竟是为什么？

我们习惯一事当前，先为自己布下巧妙逃遁的理由。我们善于发挥悲哀的想象力，制造可资逃避的借口。我们不断把一些后天的弱点归结为遗传的天性，以洗脱自身应负的责任。我们没有勇气针对瑕疵自我解剖，便推诿于种种客观和大自然的不可抗拒之力。

这一切的核心是怯懦。自身的敌人，也需有正视和砍刈的英雄气概。

从那以后，我击打苍蝇几乎是百发百中了。但由于多年退避的惯性，我于需要用手操作的场合，还是十分笨拙。我知道，那只嗡嗡作响的巨蝇并不甘心退出它寄居了数十年的巢穴。由于我以往的姑息养奸，它已尾大不掉。举起思想中的蝇拍，瞄准它，扣紧它的后方，无论它起飞还是降落，都力争消灭它，是我毕生的一件活儿了。

仇人的显微镜

人一生，会听到很多评价和意见，你不想听也不行。意见的来源，是个有趣的问题。

说到意见的来源，最简单的可以分成两大类。一大类来自爱你的人，因为希望你进步，希望你好，希望你幸福，所以他们会指出你的不足。通常我们对这类意见，要么是重视过度，要么是过度地不重视。前者是因为亲人在我们眼中就是人间的上帝，句句是真理。后者也因为和凡间的上帝相处得太久了，反倒觉得老生常谈，把它当成了耳旁风。还有一大类意见，来自恨你的人。我说的这个“恨”，不是血海深仇，不是国恨家仇。在此文中，它统指对你印象不好的人、和你不对付的人、和你有过节儿且巴望着你倒霉的人。按时下年轻人的话讲，就是和你相克，也许是血型不符，也许是星座不合。那些和你暗中戗着茬儿的龌龊人，恕我简称为你的“仇人”。

对待仇人的意见，有一句很经典的话，叫作“走自己的路，让别人说去吧”。这虽是一剂良药，但缺点是起效较慢。很多人试验过这法，有时好几个月甚至好几年之后，才能渐渐在想起仇人们的冷语时心境淡然。还有一个前提——你已经找到了一条路，正在走着，方向感明确，有主心骨，步履轻快。说这话的时候底气才较充足。倘若正在彷徨和苦闷中，雨雾迷蒙，路还不知在何方，或者干脆在路边崴了脚或被野兽啃伤了，创口流着血，那这句经典就稍嫌隔靴搔痒，有点儿近似精神胜利法了。

面对仇人的攻伐，如何是好？

仇人的话，杀伤力之所以大，是因为那其中常常是有几分真实的。完全的谎话，其实倒并不可怕，因为除了极为弱智的人，一般都可识破。古语说“谣言止于智者”，现在资讯发达，人也吃了很多深海鱼油，智者可能比古时还要多些，所以对完全胡说八道的东西倒不必太过担心。如果仇人的话是完全的真实，我看是应该感激的，请你低下自己的头。这不是认输或领认了侮辱，而是真心实意地表达对真实的敬畏。只要他说得对，不必介意他的人品，只需看重他的意见。仇人的真知灼见，也许会让你因此得到终生受用的教诲，他在无意中就送了一个大礼给你，他就成了你的恩人。这就是很多人常常说，我最感激的是那些侮辱、攻击、放弃我的人，他们让我懂得了如何做人，才有了今天的成就云云……每逢我听到这种话，总觉得略微矫情了些。我不会感谢那些本来想侮辱我的人，他们不应该因为仇视和狭隘受到感激。仇恨和狭隘，常常是可以置人于死地的，你没有死，是因为你救了自己。你应该感谢的只有一个人，那就是你自己啊。

即使你从仇人喷涌而来的污泥浊水中，荡涤出了金沙，你也可以依然保持你的仇恨，如同保持你脊骨的硬度，但这并不妨碍你思忖他们的意见。因为只有仇人，才会深深研究你的要害。因为他恨你，所以他时刻盯着你，对你观察得格外细致，思索得格外刻毒。试想一下，如果我们用显微镜看事物，那普天之下就没有一处洁净的地方了，到处都是繁殖的细菌、蠕动的螨虫……

然而，依然有阳光。

你的仇人，就是瞄准你的显微镜。

迪斯尼版的《森林王子》，描写一个人类婴孩巴克利，偶入大森林，被野狼阿力一家收养，在大熊巴鲁、黑豹巴希拉等动物的呵护与培养下，成为友善、勇敢、智慧、快乐的少年，描绘了一幅人与动物在大自然的怀抱中和谐相处的图画。

片中各种动物的造型和举止，颇符合物种个性的特征，险而不惊。特别是蟒蛇与巴克利的斗智斗勇，美妙的搏斗场面既让人想起蛇那油光水滑、阴险狡诈的秉性，被它的盘旋晕得眼花缭乱，又让人在紧张中怡情，充满了机警的悬念。大熊巴鲁为了拯救巴克利，与森林王老虎谢利展开了殊死搏斗，以至昏倒在地。

黑豹巴希拉误以为它已阵亡，心情激动地致了一段感人肺腑的悼词。大熊巴鲁慢慢苏醒后躺在地上，一动不动地倾听着，在庄严肃穆中引出人们啼笑皆非的泪水。

巴鲁复苏之后，开始教导人类的孩子巴克利如何在大自然中生活。那只载歌载舞的憨厚大熊反复吟唱着一句话——“让我们——得到——最单纯的生活必需品……”

真是令人拍案叫绝的真理——最单纯的生活必需品——由一只熊告诉我们。

人想活着，就必然有一些必不可少的物件陪伴左右。几年前，我见到一个乡下孩子和一个城里孩子在做游戏。一张卡片，正面写着问题，背面写着答案。双方看着问题回答，对与不对，以卡片为准。那题目是——生命存活的三大基本要素是什么。

城里孩子说，这还不简单吗，就是脂肪、蛋白质和碳水化合物呗！

乡下孩子说，啥叫脂肪？不就是猪大油吗？人没有猪油那些荤腥吃，能活。蛋白蛋是啥？不就是鸡蛋吗？人吃不上鸡蛋，也可以活的。碳水化合物是啥东西，俺不知道。俺只知道人要活着，最要紧的是要有水、火柴和粮食！

那张硬硬的精美卡片后面的答案，判定城市孩子的回答正确。但说心里话，我更认为乡下孩子的答案率真和智慧。

纵观人类的历史，我们的生活必需品的名录，就像银行信用卡恶意透支的黑名单，越来越长了。一千年前，假如我们外出，真如那个乡下孩子所讲，只需带上水和干粮，再携一把火镰，就可走遍天下。现在呢，要有旅游鞋、休闲装、盆、碗、帐篷、净水器、驱蚊油、防晒霜、卫星电视、电话机……

这应该算是进步吧，只是大自然不堪重负了。养育一个现代人的物资，足够当初养活一百个一千个原始人。

大熊的箴言里，还有一个含义——单纯。单纯是一种很真实、很透明的东西，我们已经在进化中将它忽略和玷污。比如水吧，人体的细胞所需要的，是纯净的自然之水，而绝不是啤酒、可口可乐和掺了色素的某种混浊液体。人们先是把水弄得很复杂，然后再把脏水过滤。当人饮着这种再生的清水时沾沾自喜，以为这是文明和进步，其实比古代人的饮水质量还差着档次。

再如空气，人的肺所需要的，是凛冽的清新的山谷森林之风，而绝不是被汽车吞吐了千百次的工业废气。人们聚集在城市里，在空气中混淆进数不清的杂质，然后摇摇头说，这样的地方太不利于健康了。于是开着汽车，满世界找青山绿水的地方，心安理得地住下来，把新的污染带到那里。

人体本来应该简洁明确地表白自己的内心，这样会避免多少误会，节约多少人生，增进多少了解，加快多少速度啊！但是，不。人们变得虚伪客套、声东击西、云山雾罩，并尊称这些技术技巧为礼仪和外交，让世界变得遮遮盖盖、诡谲莫测。于是，无数人在这面无法超越的黑斗篷前终生猜谜，并以此形成许多新的职业和窥探的癖好。

也许我们可以对自己精神和物质生活中所需物品的庞大分子分母，来一个约分。本着单纯和必需的原则，把太繁多的精简，把太复杂的摈弃。必需的东西越少，我们的脚步就越轻捷。佛家有一句话，叫“无挂碍故，无有恐怖”，不妨借用来，少需要物者少烦恼。因为必需少，所以受限轻，人就获得了更快的行走、更高的飞翔。

单纯这件事，说起来简单，做起来不容易，因为世界上有许许多多的杂质，无时无刻不在腐蚀着单纯。人们往往以为单纯只存在于童真，如果你在晚年还保有单纯，如果不是太傻，就是天赐的一种好运气，保佑你未曾遭遇污浊侵袭，所以依旧清澈。其实，最有力量的单纯，是历练过复杂之后的九九归一。以不变应万变，自身有过滤化解和中和澄清的功能。任你血雨腥风，我自静若处子，心永远清清的，呼吸永远轻轻的……

为生命找到意义

古代人常常专注于最基本的生存需求。日常生活天然地具备了提供精彩意义的能力。人们的生活是如此接近土地，每个人都毫不怀疑自己是大自然的一部分。他们耕地，播种，收获，烹调，生养小孩子，然后生病和死亡，最后回归泥土。他们很自然地展望未来，觉得未来是如此清晰，那就是——吃饱饭，子子孙孙地繁衍，实现一轮又一轮的更迭，如同能够每日每年看到的大自然的循环。他们对日月星辰、山川河流这类庞然大物有强烈的归属感，他们深深明白自己是家庭和族群不可或缺的一部分。对以上这种基本存在，从来不曾有过问号。

是啊，有谁能对一个埋头苦干的农夫字斟句酌地问，你这样辛苦是为了什么呢？他一定头也不抬地继续干活，对他来说，家里的妻儿老小和他自己的口粮，就在这劳作中生发着，这难道还用得着问吗？

可是，今天，这些意义消失了。都市化、工业化，让生活中少了和大自然血肉相依的关联。我们看不到星空，我们每个人几乎都脱离了世界的基本生命链。你焊接电脑上的一块线路板，你在股票市场卖出买进，可这和意义有什么关联呢？

我们有太多的时间提出更多的问题，我们必须面对自由的无情拷问，可是我们失去了参照物。

工作不再提供意义，一点儿创造力也没有，生养小孩也没有了意义。世界人口爆炸，也许不生养更有意义。

生命的意义是非常重要的心理架构，与每个人都有非常重要的关系。伟大的心理学家荣格说，我的病人大约有三分之一并不是罹患了任何临床可以定义的疾病，而只是因为生命没有意义，没有目标。

这个问题到了心理学家法兰克那里，有了升级版。他说，最少有百分之五十的来访者有这种问题——觉得生命没有意义。

萨特说过，人是一种徒劳无益的热情。我们的诞生毫无意义，死亡也没有意义。但萨特这样说完之后，在他自己的小说中又明确地肯定了意义的追求，包括在世界上寻找一个家、同志之谊、行动、自由、反对压迫、服务他人、启蒙、自我实现和参与。

在现在的情况下，为生命找到意义，就成了非常紧迫的任务。每个人要有一个自我的意义系统，包括行为准则：勇敢、高傲的反抗、友好的团结、爱、尘世的圣洁等。

苍茫之悟

很久以来，面对苍凉的荒漠、迷茫的雪原、无法逾越的高山、浩渺无垠的大海，心胸就被一种异样的激情壅塞，骨髓凝固得像钢灰色的轨道，敲之当当作响，血液打着漩涡呼啸而过，在耳畔留下强烈的回音，牙齿因为发自内心的轻微寒意，难以抑制地颤抖，眼睛因为遥远的地方，不知不觉中渗出泪水……

当我十六岁第一次踏上藏北高原雪域，这种在大城市从未感受的体验从天而降，它像兀鹰无与伦比的巨翅，攫取了我的意志，我被它君临一切的覆盖所震惊，它同我以前在文明社会中所有的感受相隔膜，使我难以命名它的实质，更无法同别人交流我的感动。

心灵的盲区，语言的黑洞。

我在战栗中体验它博大深长的余韵时，突然感悟到——这就是苍茫。

宇宙苍茫，时间苍茫，风雨苍茫，命运苍茫，历史苍茫，未来苍茫，天地苍茫，生命苍茫。

人类从苍茫的远古水域走来，向苍茫的彼岸划着小舟，与生俱来的孤独之感永远尾随鲜活的生命，寰宇中孤掌难鸣，但不屈的精灵还是高昂起手臂，仿佛没有旗帜的旗杆，指向苍穹……

痛苦的人生，没有权利悲哀；苍茫的人生，没有权利渺小。

凝视崇高

文学浮动于金钱与卑微之中，躯体已被湮没，只剩下一颗苍老的头颅。

这是一个崇尚“轻”的时代，从太太的体重到人生的信仰，从历史的评说到音乐的节奏，以“轻”为美已成为风范。

究其原因，我们的共和国虽说年轻，业已经历了半个多世纪的和平。战争的瘢痕上已开满了鲜花，关于火与血的故事已羽化为神话。世界上两大阵营的消弭，使我们在瞬间模糊了某种长期划定的界限。当人们发现以往的沉重已无处附丽，就掉转头来寻觅久已遗失的“轻松”，是反叛，也是回归。更不要说“文化大革命”中样板戏的“高、大、全”，让许多人以为那就是崇高。

人心世道发生了大变化，人们在一个充满阴霾的早上发现金钱是那么可爱。中国人喜欢矫枉过正，因为我们的人口多。大家同时发现了一个真理，同心协力、“人多力量大”的结果就是把它逼近谬误。一位研究历史的长者对我说，这一次金钱大潮对知识分子信仰冲击的力度，甚于历次政治运动。那时是别人看不起你，这一回是让你自己看不起自己……

于是蔑视崇高成为一种“时髦”。

人们不谈信仰、不谈友谊、不谈爱情、不谈永远。人欲横流、物欲横流被视为正常，大马路上出现了一位舍己救人的英雄，人们可以理解小偷，却把救人者当作异端……

文学家们（请原谅我把一切舞文弄墨的人都归入其内）便有了自己的选择。

于是我们的文学里有了那么多的卑微。文学家们用生花妙笔殚精竭虑地传达卑微，读者们心有灵犀地浅吟低唱领略卑微。卑微像一盆温暖而混浊的水，每个人都快活地在里面打了一个滚儿。我们在水中荡涤了自身的污垢，然后披着更多的灰尘回到太阳底下。这种阅读使我们得到前所未有的满足，原来世界已一片混沌，我们不必批判自身的瘰疬，比起书中的人物，我们还要清洁得多哩！

崇高的侧面可以是平凡，绝不是卑微。

福克纳在接受诺贝尔文学奖时曾说，诗人和作家的特殊光荣就是“提醒人们记住勇气、荣誉、希望、自豪、同情、怜悯之心和牺牲精神，这些是人类昔日的骄傲。为此，人类将永垂不朽”。

这就是伟大作家的良知。

面对卑微，我们可以投降，向一股股浊流顶礼膜拜。写媚俗的文字、趋炎附势的文字，将大众欣赏的口味再向负面拉扯。一边交上粗劣甚或有毒的稗子，换了高价沾沾自喜，一边羞答答地说一句“著书只为稻粱谋”。其实若单单为了换钱，以写字做商品最慢，而且利益菲薄。稿费的低廉未尝不是好事，在饿瘦了真正的文学家的同时，也饿跑了为数不少的混混儿，起到了某种清理阶级队伍的作用。

其实卑微并不是我们的新发现，它是祖先遗传给我们的精神财产，你要也得要，不要也得要，伴随我们整个历史。在文学作品中，它也始终存在，只是从未做过主角。好比鲁迅先生鞭挞过的“二丑艺术”，就是一种形象的卑微。二丑什么都明白，表面上唯唯诺诺，背后里指点江山，但他们依旧为虎作伥。

对抗卑微是人类生存的需要。人是一种构造精细又孱弱无比的生物，对大自然和对其他强大生物的惧怕，使人类渴望崇高。

我很小的时候到西藏当兵，面对广漠的冰川与荒原，我体验到个人的无比渺小。那里的冷寂使你怀疑自身的存在是否真实，我想地球最初凝结成固体的时候大概就是这样。山川日月都僵死一团，唯有人，虽然幼小，却在不停地蠕动，给整个大地带来活泼的生气。我突然在心底涌动着奇异的感觉——我虽然如草芥一般，却不会屈服，一定会爬上那座最高的山。

当我真的站在那座山的主峰之上时，我知道了什么叫作崇高。它其实是一种发源于恐惧的感情，是一种战胜了恐惧之后的豪迈。

也许是青年时代给我的感受太深，也许我的血管里始终涌动着军人的血液，我对于伟大的和威严的事物有特殊的热爱。我在生活中寻找捕捉蕴含时代和生命本质的东西，因为“崇高”感情的激发，有赖于事物一定的数量与质量。我们面对一条清浅的小河，可以赞叹它的清澈，却与崇高不搭界。但你面对大海的时候，感觉就完全不一样了，它的澎湃会激起你命运的沧桑感。我这里丝毫不是鄙薄小河的宁静，只是它属于另一个叫作“优美”的范畴。

我常常将我的主人公置于急遽的矛盾变幻之中。换一句话说，就是把人物逼近某种绝境，使他面临选择的两难困惑。其实我们每个人在自己的一生中，都会遭遇无数次选择。人们选择的标准一般是遵循道德习惯与法律的准则，但有的时候，情势像张开的剪刀刈割着神经，我们不知道该如何处置眼前的窘境。在这种犹疑彷徨中，时代的风貌与人的性格就凸现出来。人们迟疑的最大顾虑是害怕选择错了的后果，所以说到底，还是内在的恐惧最使人悲哀。假如人能够战胜自身的恐惧，做出合乎历史、顺乎人性的抉择，我以为他就达到了崇高。日新月异的时代，为我们提供了层出不穷的“选择”场地，这是我们这一代作家的幸运。

我常常在作品里写到死亡。这不单是因为我做过多年医生，面对死亡简直成了生活中的一部分，而且因为崇高这块燧石在死亡之锤的击打下，易于迸溅灿烂的火花。死亡使一切结束，它不允许反悔。无论选择是正确还是谬误，死亡都强化了它的力量。尤其是死亡之前，大奸大恶，大美大善，大彻大悟，大悲大喜，都有极淋漓的宣泄，成为人生最后的定格。中国有句古话，叫作“人之将死，其言也善”，就是说人临死前爱说真话，死亡是对人的大考验。要是死到临头还不说真话，那这人也极有性格，挖掘他的心理，也是文学难得的材料。

我常常满腔热情地注视着生活，探寻我不懂的事物，对世界充满好奇。我并不拒绝描写生活中的黑暗与冷酷，只是我不认为它有资格成为主导。生活本身是善恶不分的，但文学家是有善恶的，胸膛里该跳动温暖的良心。在文学术语里，它被优雅地称为“审美”。现如今有了一个“审丑”的词，丑可以“审”（审问的审），却不可赞扬。

当年我好不容易爬上那座冰山，在感觉崇高的同时，极目远眺，看到无数耸立的高峰，那是喜马拉雅山、冈底斯山、喀喇昆仑山交界的地方。凝视远方，崇高给予我们勇气，也使我们更感觉自身的微不足道。

因为山是没有穷尽的。

我眉飞扬

眉毛对人并不是非常重要的。我之所以这么说，是因为人如果没有了眉毛，最大的变化只是可笑。脸上的其他器官，倘若没有了，后果都比这个损失严重得多。比如没有了眼睛，我说的不是瞎了，是干脆被取消了，那人脸的上半部变得没有缝隙，那就不是可笑能囊括的事，而是很可怕的灾难了。要是一个人没有鼻子，几乎近于不可思议，脸上没有了制高点，变得像面饼一样平整，多无聊呆板啊。要是没了嘴，脸的下半部就没有运动和开合，死板僵硬，人的众多表情也就没有了实施的场地，对于人类的损失，肯定是灾难性的。流传的相声里，有理发师捉弄顾客，问："你要不要眉毛啊？"顾客如果说要，他就把眉毛剃下来，交到顾客手里。如果顾客说不要呢，他也把顾客的眉毛剃下来，交到顾客手里。反正这双可怜的眉毛在存心不良的理发师傅手下，是难逃被剃光的下场了。但是，理发师傅再捣蛋，也只敢在眉毛上做文章，他就不能问顾客"你要不要鼻子啊？"按照他的句式，再机灵的顾客也是难逃鼻子被割下的厄运。但是，他不问。不是因为这个圈套不完美，而是因为即使顾客被套住了，他也无法操作。同理，脸上的眼睛和嘴巴都不能这样处置。可见，只有眉毛是面子上无足轻重的设备了。

但是，也不。比如我们形容一个人快乐，总要说他眉飞色舞，说一个男子英武，总要说他剑眉高挑，说一个女子俊俏，总要说她蛾眉入鬓，说到待遇的不平等，总也忘不了"眉高眼低"这个词，还有"柳眉倒竖""眉开眼笑""眉目传情""眉头一皱计上心来"……哈，你看，几乎在人的喜怒哀乐里，都少不了眉毛的份儿。可见，这个平日只是替眼睛抵挡汗水和风沙的眉毛，在人的情感词典里还真是占有不可忽视的位置呢。

我认识一位女子，相貌、身材、肤色连牙齿，哪里长得都美丽。但她对我说，对自己的长相很自卑。我不由得又上上下下左左右右地将她打量了个遍，就差没变成一台超声波仪器，将她的内脏也扫描一番。然后很失望地对她说，对不起啦，我实在找不到你有哪处不够标准，还请明示于我。她一脸沮丧地对我说，这么明显的毛病你都看不出，你在说假话。你一定是怕我难受，故意装傻，不肯点破。好吧，我就告诉你，你看我的眉毛!

我这才凝神注意她的眉毛。很粗、很黑、很长，好似两支炭箭，从鼻根耸向发际……

我说，我知道那是你画了眉，所以也没放在心里。

女子说，你知道，我从小眉毛颜色很淡，而且是半截儿的。民间有说法，说是有半截儿眉毛的女孩会嫁得很远，而且一生不幸。我很为眉毛自卑。我用了很多方法，比如有人说天山上有一种药草，用它的汁液来画眉毛，眉毛就会长得像鸽子的羽毛一样光彩颀长，我试了又试，多年用下来，结果是眉毛没见得黑长，手指倒被那种药草染得变了颜色……因为我的眉毛，我变得自卑而胆怯，所有需要面试的工作，我都过不了关，我觉得所有考官都在直眉瞪眼地盯着我的眉毛……你看你看，“直眉瞪眼”这个词，本身就在强调眉毛啊……心里一慌，给人的印象就手足无措，回答问题也是语无伦次的，哪怕我的笔试成绩再好，也惨遭淘汰。失败的次数多了，我更没信心了。以后，我索性专找那些不必见人的工作，猫在家里，一个人做，这样，就再也不会有人见到我的短短的暗淡的眉毛了，我觉得安全了一些。虽然工作的薪水少，但眉毛让我低人一等，也就顾不了那么多了。

我吃惊道，两条短眉毛就这样影响了你一生吗?

她很决绝地说，是的，我只有拼力弥补。好在商家不断制造出优等的眉笔，我画眉的技术天下一流。每天，我都把自己真实的眉毛隐藏起来，人们看到的都是我精心画出的美轮美奂的眉毛。不会有人看到我眉毛的本相。只有睡觉的时候，才让眉毛暂时地恢复原形。对于这个空当，我也做了准备。我设想好了，如果有一天我睡到半夜，突然被火警惊起，我一不会抢救我的财产，二不会慌不择路地跳楼，我要做的最重要的一件事，就是掏出眉笔，把我的眉毛妥妥帖帖地画好，再披上一条湿毛毯匆匆逃命……

我惊讶得说不出话来，然后是深切的痛。我再一次深深体会到，一个人如果不能心悦诚服地接受自己的外形，包括身体的所有细节，那就会在心灵上造成多么锋利、持久的伤害，如霜的凄凉，甚至覆盖一生。

至于这位走火也画眉的女子，由于她内心的倾斜，在平常的日子里，她的眉笔选择得过于黑了，她用的指力也过重了，眉毛画得太粗太浓，显出强调的夸张和滑稽的戏剧化效果……她本想弥补天然的缺陷，但在过分补偿的心理作用下，即使用了最好的眉笔，用了漫长的时间精心布置，也未能达到她所预期的魅力，更不要谈她所渴望的信心了。

眉毛很重要。眉毛是我们脸上位置最高的饰物（假如不算沧桑之刃在我们的额头上镌刻的皱纹）。一对好的眉毛，也许在医学美容专家的研究中，会有着怎样的弧度、怎样的密度、怎样的长度、怎样的色泽……但我想，眉毛最重要的功能，除了遮汗挡沙之外，是表达我们真实的心境。当我们自豪的时候，它如鹰隼般飞扬；当我们思索的时候，它有力地凝聚；当我们哀伤的时候，它如半旗低垂；当我们愤怒的时候，它——扬眉剑出鞘……

假如有火警响起，我希望那个女子能够在生死关头记住生命大于器官，携带自己天然的眉毛从容求生。

我眉飞扬，不论在风中还是雨中、水中还是火中。

素面朝天

素面朝天。

我在白纸上郑重写下这个题目。夫走过来说，你是要将一碗白皮面对天空吗?

我说，有一位虢国夫人，就是杨贵妃的姐姐，她自恃美丽，见了唐明皇也不化妆，所以叫——

夫笑了，说，我知道，可是你并不美丽。

是的，我不美丽。但素面朝天并不是美丽女人的专利，而是所有女人都可以选择的一种生存方式。

看看我们周围。每一棵树，每一叶草，每一朵花，都不化妆。面对骄阳，面对暴雨，面对风雪，它们都本色而自然。它们会衰老和凋零，但衰老和凋零也是一种真实。作为万物灵长的人类，为何要将自己隐藏在脂粉和油彩的后面？

见一位化过妆的女友洗面，红的水黑的水蜿蜒而下，仿佛被洪水冲刷过后水土流失的山峦。那个真实的她，像在蛋壳里窒息得过久的鸡雏，渐渐苏醒过来。我觉得这个眉目清晰的女人才是我真正的朋友。片刻前被颜色包裹的那个形象，是一个虚伪的陌生人。

脸，是我们与生俱来的证件。我的父母，凭着它辨认出一脉血缘的延续；我的丈夫，凭着它在茫茫人海中将我找寻；我的儿子，凭着它第一次铭记住了自己的母亲……每张脸，都是一本生命的图谱。连脸都不愿公开的人，便像捏着一份涂改过的证件，有了太多的秘密。所有的秘密都是有重量的。背着化过妆的脸走路的女人，便多了劳累，多了忧虑。

化妆可以使人年轻，无数广告喋喋不休地告诫我们。我认识的一位女郎，盛妆出行，艳丽得如同一组霓虹灯。一次半夜里我为她传一个电话，门开的一瞬间，我惊愕不止。惨亮的灯光下，她枯黄憔悴如同一册古老的线装书。“我不能不化妆。”她后来告诉我，“化妆如同吸烟，是有瘾的。我已经没有勇气面对不化妆的自己。化妆最先是为了欺人，之后就成了自欺，我真羡慕你啊！”从此我对她充满同情。

我们都会衰老。我镇定地注视着我的年纪，犹如眺望远方一面渐渐逼近的白帆。为什么要掩饰这个现实呢？掩饰不单是徒劳，首先是一种软弱。自信并不与年龄成反比，就像自信并不与美丽成正比。勇气不是储存在脸庞里，而是掌握在自己手中。化妆品不过是一些高分子的化合物、一些水果的汁液和一些动物的油脂，它们同人类的自信与果敢实在是不相干的东西，犹如大厦需要钢筋铁骨来支撑，而绝非几根华而不实的竹竿。

常常觉得化了妆的女人犯了买椟还珠的错误。请看我的眼睛！浓墨勾勒的眼线在说。但栅栏似的假睫毛圈住的眼波，却暗淡犹疑。请注意我的口唇！樱桃红的唇膏在呼吁。但轮廓鲜明的唇内吐出的话语，肤浅苍白……化妆以醒目的色彩强调以至强迫人们注意的部位，却往往是最软弱的所在。

磨砺内心比油饰外表要难得多，犹如水晶与玻璃的区别。

不拥有美丽的女人，并非也不拥有自信。美丽是一种天赋，自信却像树苗一样，可以播种，可以培植，可以蔚然成林，可以直到地老天荒。

我相信不化妆的微笑更纯洁而美好，我相信不化妆的目光更坦率而真诚，我相信不化妆的女人更有勇气直面人生。

假若不是为了工作，假若不是出于礼仪，我这一生将永不化妆。

致不美丽的女孩子

有一天，我收到了一封读者来信，撕开之后，落下来一张照片。先看了照片，没什么特别的感觉，待看了信件之后，心脏的部位就有些酸胀的感觉。我赶快伏案，写了一封回信（是手写的，不是用电脑打出来的。我在回信这件事上，坚持手工操作）。

现在征得那位女孩子的同意，把她的信和我的回复一并登出来，但愿她的父母会看到。

毕阿姨：

您好！

我有一个痛入心肺的问题。我的爸爸妈妈都长得很好看，简直就是美女和帅哥的超级组合（他们那个年代还没有这样时髦的词，好像用的是“秀丽”和“精干”这两个形容词）。人们都以为他们会生出一个金童玉女来，可惜我就恰恰取了他们的缺点组合在一起了，长得一点儿也不漂亮。我从小就习惯了人们见到我时的惊讶——哟，这个小姑娘长得怎么一点儿也不像她的爸爸妈妈啊！最令人伤感的是，我爸爸妈妈也经常会这么说，同时面露极度的失望之色。为此，我非常难过，也不愿和他们在一起走。现在唯一的希望就是他们快快老起来，那时候，他们就不会太好看了，而我还年轻，是不是可以弥补一下先天的不足啊？您说呢？寄上一张我的照片，但愿不会吓着您。

肖晓

肖晓：

你好！

我看到了你寄来的照片，情况不像你说的那样悲惨啊！相片上，你是一个很可爱很阳光的少女哦！也许你的父母真是美男子和美女的超级组合（遗憾你没有寄来一张合影，那样的话，我也可以养养盯着电脑太久而昏花的双眼了），在这样的父母笼罩之下，真是很容易生出自卑的感觉，此乃人之常情，你不必觉得这是自己的错。不过，如果你的父母也这样埋怨你，你尽可以据理力争。找一个至爱亲朋大聚会的场合，隆重地走到众人面前，一本正经地说，嘿，大家请注意，我是一件产品，内在的质量还是很好的，至于外表，那是把我制造出来的设计师的事，你们如果有意见，就找他们去提吧，或者把产品退回去要求返修，把外观再打磨一下。但愿当你说完这番话之后，大家会面面相觑，微笑着不再说什么了。

人们总是非常愿意评价他人的长相，有时单凭长相就在第一时间做出若干判断。这也许是从远古时代就流传下来的一种近乎本能的习惯，那时候的人会凭借着长相判断对方和自己是不是同属于一个部落和宗族，是不是有良好的营养和体力，甚至性情和脾气也能从面部皱纹的走向看出端倪来。现代人有了很多进步，但在以貌取人这方面，基本上还在沿用旧例，改变不大。有一句流传很广的话是这样说的——人的长相这件事，在三十五岁之前是要父母负责的，但在三十五岁之后就要自己负责了。我有时在公园看到面目慈祥很有定力的老女人，心中就会充满了感动。要怎样的风霜才能勾勒出这样的线条和风采，我们看到的不再是先天的美貌桑叶，它们已经被岁月之蚕噬咬得只剩下筋络，华贵属于天地的精华和不断蜕皮的修炼。

从相片上看你还很年轻，长相的公案，目前就推给你的父母吧。我希望你健康地长大，但中年以后的事恐怕就要你自己负责了。如果你实在不想再听这些议论了，唯一的办法是找到一卷无边无际的胶带，牢牢地封住他们的嘴巴。看到这里，我猜你会说，你开的这个方子好是好，可我现在到哪里去找那卷无边无际的胶带呢？就是找到了，我能不能买得起？

这卷胶带在哪里，我也不知道。它是怎样的价钱，我也不知道。找找看吧，到网上搜索一番，请大家一齐帮忙找。如果实在是上穷碧落下黄泉也找不到，就只有最后一个法子，那就是让人们说去吧，你可以我行我素，依然快乐和努力地干自己想干的事。

向大珍珠母贝和好葡萄学习

如果一个女人的招牌菜不是美貌而是善良，那么她的魅力可以持续到生命结束之前，只要她不得老年痴呆症或者成为植物人。

在大洋洲，生活着一种大珍珠母贝。珍珠是世界上唯一来自活体的生物——牡蛎的宝石。牡蛎已经进化了五亿年。一只勤奋工作的大珍珠母贝，在八年的寿命中，可以繁育出四颗珍珠。随着牡蛎年龄的增长，它所能容纳的珍珠也越来越大。这就是说，到了生命的晚期，这只牡蛎就有可能孕育出它这一生中最大的珍珠。

我希望年老的女人都如同大珍珠母贝，光彩熠熠，也如同厚重铺排的织锦缎，安然华贵，不炫目，但可以收藏。不时抚摸着，粗糙的指肚勾连起陈年的丝缕，带出织就时的润泽。

女人年过三十，就要学会接受自己的容貌走下坡路的这个事实。就像花瓣要接受凋零，越是盛极一时倾国倾城的美丽，越要面对春风不再的年轮变化。首先在理论上不害怕，然后在时间上安然接纳。人出生在这世界上，并不是一件成品。你的很多方面，还有待完善。变老是完善的工序之一。

三毫米的旅程，一颗好葡萄要走十年。这是一句广告语。想想看，一粒吹弹得破的葡萄都如此坚韧不拔，要从一个青葱少女变成睿智妇人，没有几十年的历练，恐也难修成正果——向葡萄好好学习。

上天赐予没有强壮肌肉的女子两样战无不胜的伟大礼物，那就是思索和时间。

由于气候、智力、精力、趣味、年龄、视力等方面的原因，人的先天平等是永远不可能的。所以，不平等应该被认作颠扑不破的自然规律，但我们可以把这不平等变得不易觉察，就像我们把鱼和熊掌之间的差异慢慢磨平一些——说句实在话，我总觉得鱼和熊掌不在一个数量级上，不知道是不是远古的时候鱼比较少、熊掌比较多。

磨平沟壑，文化和教育能起很大的作用。女子要把学习当成最好的娱乐。学得多了，你就慢慢开始了思考。女子不要视时间为敌人，给自己一个良好的预言，你会惊奇地发现，希望之花一朵朵开放。

生活对女人的要求越来越高。你不但要像袋鼠一样敏捷跳跃寻找食物，还要有一个温暖的育儿袋。

很多受伤的女人像一只疲倦的海鸟，她们飞了那么远的路，在羽翼低垂、嘴角渗血的时候，仍然要不顾一切地回到自己的巢，呵护自己的幼雏。

对这样的女人，我们深深鞠躬。

自卑情结是幸福的最大敌人

有一种天然的感觉，伴随我们一生。有人说，那是爱，其实不是。爱不是天生就具备的品德，是需要学习的。一个刚刚出生的婴儿，并不懂得爱，但他感到了自卑。哭声就是自卑的旗帜，那是对寒冷（相比于母体内的恒温）、对孤独（相比于母体内的依傍）的第一声惊恐的告白，也是被迫独立生活的宣言。这个景象挺有象征意义。人在强大的自然规律面前，没有法子不自卑。但是，人又不能被自卑打倒，人就是在同自卑的抗争中成长壮大起来的。

可以说，自卑是幸福的最大敌人。道理很简单，一个人若是时时事事都沉浸在自卑中，那他如何还能享受幸福？

所以，人不要被自卑打垮，而是要超越自卑。咱们先来找找自卑的反义词是什么。我小时候，很喜欢“找反义词”这类题目，在寻找中，你对原本的那个词有了更深入的了解，就像黑和白站在一起，一定显出黑的更黑、白的更白。只有在黑暗中，你才能看到所有的光。如果黑和灰站在一起，就容易混淆。

自卑的反义词是自信。自卑和自信，都有一个“自”，就是“自己”的意思。那么，自己对待自己，有什么不同呢？自卑的人，自己看不起自己；自信的人，自己相信自己。从这里入手，我们就找到了自卑和自信最显著的分水岭，那就是，一事当前，自信的人说，我能做这件事；自卑的人会说，我办不成这件事。

面对一生，自信的人说：我能成为理想中那样的人，我要掌握自己的命运。

自卑的人会说：我不能成为自己想成为的那样的人，我只能随波逐流，被外力摆布。

“自卑”这个词，平日里大家说得很多，但究竟什么是自卑呢？自卑有哪些表现呢？自卑为什么会成为幸福的大敌呢？

简言之，自卑就是有关自我的消极信念，影响了成长。

记得儿时读过《好兵帅克》这部小说，里面有个人物，特别喜欢求本溯源。比如他说到窗户，就要说窗户是木头做的，他马上就会接下来解释，木头是树木，那树木又是从哪里来的呢？它们来自森林……现在我们谈到自卑，多少也陷入了这种论证的漫长小径。有点儿啰唆，请原谅。

自卑的人，充满了对自己的不良观念和不适宜的评价。自卑的要害是——自我否定。看看“否”这个字，“口”上面是个“不”字，一个人一张口就吐出“不”来。人是需要说“不”的，不知道说“不”的人，一生太辛劳，完全丧失了自我。但是，如果一个人一辈子说“不”太多，尤其是对自己总是说“不”，那就成了大问题。

最详细地论证了自卑这种情绪的是个体心理学的创始人阿德勒，他发现了一个自卑情结。

阿德勒是一位奥地利精神病学家，被称为“现代自我心理学之父”。他于1870年出生在维也纳的一个商人家庭，排行老二。家境富裕，家人都很喜欢音乐，按说这是一个丰衣足食的幸福环境，可是，童年的阿德勒一点儿也不快乐。为什么呢？原因来自他的亲哥哥。两人虽是一母所生，但哥哥高大健壮，活蹦乱跳，人见人爱，阿德勒却自小体弱多病，还是个驼背。他五岁那年，又生了一场大病，更让他身材矮小、面容丑陋。好在阿德勒很聪明，后来他考入大学，毕业后当了医生。由于自身的残疾，1907年，他发表了有关由身体缺陷引发自卑的论文，从此声名大噪。他不赞成弗洛伊德的性决定论，强调社会文化因素在人格形成和发展中的决定性作用。他的主要观点是：追求卓越是人类动机的核心，而如何追求卓越，则取决于每个人独特的生活风格。追求卓越是一种天生的内驱力，使人力图成为一个没有缺陷的人、一个完善的人。人总是有缺陷的，由于身体或其他原因引发的自卑，能摧毁一个人，使人自甘堕落或得精神病，另一方面，它还能使人发愤图强，力求振作，以弥补自己的缺点。

比如说，古代希腊的代蒙斯赛因斯（德摩斯梯尼），小时候患有口吃，可他迎难而上，刻苦锻炼，最后成了著名的演说家。美国的罗斯福，患有小儿麻痹症，但他最终成为美国总统。尼采身体羸弱，他就研究权力哲学，成了一代大哲学家。

大部分人都想过自杀

我相信，大部分人都想过自杀，比如我自己。我并不觉得这很奇怪，人人生命中都可能有这样一刻，我们在考虑现在的生活还值不值得过下去。它出现的频率比设想的要多得多。很多人经常在考虑，第二天早上我还要不要起床？要不要面对如此繁杂的世界，延续如此恶劣的情绪？

有一阵子，电视台、广播电台采访我的时候，总是问我：听说您年轻的时候，在西藏，曾经想到过自杀？

我说，是啊，非常认真地想过。

主持人说，可以详细地讲讲吗？

我说，这次就不说了吧？我已经在别的节目里说过了。

主持人坚持说，这一段非常重要。连您这样的人都想过自杀，可见这样想的人太多了。可是大家一般都不愿意说。我只好又说一遍。人人都说西藏与灵魂有关，我觉得西藏与自杀有关。

台底下，主持人私下对我说，自己也曾想过自杀，只是没有勇气告诉别人。

我觉得连一次自杀都没想过的人，肯定凤毛麟角。自杀其实就是一种极度的退避和逃跑。因为无处可逃了，最后干脆把生命也彻底抛离。

当我年轻的时候，很多次想过自杀，甚至觉得这是一个最后的法宝。因为有了这样一个万无一失的法宝，反倒不再害怕生活的残酷。我现在很少想到自杀了，因为我越来越感到生命是如此的宝贵，我要好好地度过。即使是悲惨和疼痛，也证明生命依然灵敏地感知着、活跃着。

我接触过很多想要自杀的人。其中，有的人以一种“救世”的期待来毁灭自己的生命，怀抱着荒诞的希望，以为通过放弃自己的生命和幸福就可以保障和挽救其他人，尝试以自己的灾难和毁灭给别人带来平安。这无疑是非常不现实的。

自杀的人，诚然是可怜的。但究其目的，除了戕害自己以外，还有很多人，是希望以自己的死来惩戒他人，来挽救某种事态的颓势。我们自然不能对死者苛求更多，但这种死亡达不到目的是显而易见的。如果你确实无法忍受生的艰难，你要选择死亡，这是你的自由。但你企图以你自己的死来达到某种目的，就是临死还生活在迷幻之中。

你要想达到某种目的，只有靠自己的奋斗。想用自己的死启发别人来为你的理想而努力，是偷懒和愚蠢的一厢情愿。不要把自己都无力面对的现实黏附在他人身上，那是彻头彻尾的执迷不悟。

心境防割

旅游的时候认识了一对夫妻，职业是制作防割手套。我问，这手套坚硬到何种程度呢？他们笑而不答，说，回到北京后，你到我们那里参观一下就知道了。

第一眼晤见防割手套，平凡到令人垂头丧气，和普通车工、钳工戴的白线手套没有任何区别，如果一定要找到不同，就是价钱要贵出很多。也许看出了我的不屑，男主人抽出一把寒光四射的匕首握在手中说，你戴上手套，然后，来夺我的刀。细端详，那刀尺把长，尖端像西班牙人的鞋子弯弯翘起，开了刃，血槽深深。我胆战心惊道，这刀可以杀死一只恐龙了，不敢。他又说，那么我戴上手套，请你来割我吧。我说，那干脆就滑到了犯罪边缘，本人奉公守法，恕我也不能从命。他无奈，只有亲戴手套，自己来割自己了。

戴上防割手套的左手有些臃肿，右手执刀杀气腾腾。晶光闪烁的长刃劈下的那一瞬，我骇得紧闭了眼睛。等到哆哆嗦嗦打开眼帘，以为看到的是皮开肉绽、血花翻飞，不想雪白的左手套上只有一道淡淡的痕迹。主人优雅地舒了几下掌，如同少妇的额头被抹上了速效去皱霜，痕迹很快就平复了。

大觉神奇，不由得一试。戴上手套，用刀锋在指掌上反复切割，先轻后狠。那真是一种奇妙的感受，你能感觉到薄刃的锋芒和杀伐的重量，然而它如溪水掠过，毫发无伤。主人告诉我，看似普通的棉纱里掺进了五百根高弹钢丝。临走的时候，主人送我一副防割手套，笑道，从此你可空手夺刃了。

感叹防割手套的神奇，不由得想到，倘加上十倍百倍之量，用千万根钢丝织就一件背心，披挂在身便心硬如铁了，再没有什么情感的剑戟能刺出血洞，再没有什么理智的矛斧能劈裂成沟壑。享有一颗风雨无摧、刀枪不入的心，岂不万般惬意！

有一段时间，我出门时书包里常带着防割手套，期望着碰上一个行凶的歹徒，冲上去见义勇为又能保全须全尾。然世事虽纷杂，运气却太平，梦想竟无法成真。坚固的防割手套渐渐蒙尘，如同骁勇的大将空白了少年头。终有一天，我在乡下干活的时候，想到委它以新任。花圃中月季正香艳，这是最渴望修剪的花卉。此花盛开之后如不从瓣下第三分叉处刈除，就会花渐小，香渐远，魅力大失。只是那些月季的锐刺尽忠职守，如同美女的贴身保镖虎视眈眈。我手笨，每一回都被扎得十指痛痒。

连刀剑都能阻挡，还怕小小的荆棘吗？我戴上防割手套，所向披靡地抓起了月季花茎。顿时，双手像被蜂群包围，数不清的小刺同时扎入肌肤。慌乱摘下手套查看，七八处鲜血淋漓，实为我充任业余园丁以来受伤最惨痛的一次。

原来，这特制手套能够防止长刀短剑的切割，却并不能阻止细小毛刺的楔入。钢丝绞结的缝隙是小针出入自由的高速路。

那天，我贴着大约十张创可贴完成了剪枝工作，一边挥舞园艺剪一边想，悲哀啊，看来十万根钢丝也无法保证我们的心境不受损毁。更不消说，人是不能每时每刻都裹在钢丝里面的，那样我们将丧失对人间百态的灵敏触碰和对风花雪月赏心悦目的叹息。

你想葆有你对世界的好奇和快乐吗？你必须除去心的伪装，敞开你的心扉。心必将一生裸露着，狂风为她梳洗，暴雨为她沐浴。心没有蓑衣，也没有斗笠。心会受伤，心也会流血，这就是心的功能啊。

把心藏在钢铁中，且不说钢铁也是有缝隙的，就算心境防割，心再也不能活泼地游弋，那才是心最大的哀伤呢。关于这种悲惨的境况，古语中有一个恰如其分的词，叫作“心死”。

一个心理健康的人，心可以流血，自己就能撕下衣襟止血；心可以撕裂，自己能够飞针走线地缝合。他可以有累累的创伤，更会有创伤愈合之后如勋章般的痕迹。

从伊甸园带走的礼物

亚当和夏娃从伊甸园离开的时候带走了两样礼物。这是两样什么东西呢？我考过一些人。有人说，是树叶吧。夏娃既然已经穿在身上了，当然要带着走。有人说，是那个唆使他们吃了智慧树上的果子的坏蛋，为了报仇雪恨。要不然凡间为什么会有各式各样的毒蛇？还有人说，一定是个苹果核。夏娃既然吃了果子，觉得香甜可口，肯定要把种子偷偷掖在身上……

正确的答案是：上帝震怒，要把亚当和夏娃赶出伊甸园。亚当俯视了一眼人寰，看到万千磨难、险象环生，怕自己和夏娃凄苦煎熬，便恳请上帝慈悲送他们几种消灾免难的法宝。上帝想了一下，说，好吧，就送你们两样东西吧：一个是休息日，另一个是眼泪。于是，亚当和夏娃携带着上帝最后的礼物，从温暖美丽的伊甸园坠入水深火热的人间。

初次听到这个故事的时候，我还年轻，觉得上帝实在小气，休息是自己的，眼泪也是自己的，还用得着您老人家馈赠吗？完全可以自产自销。累了，就躺倒休息，伤心了，就放声哭泣，这有什么难的？如何能算礼物呢？太简陋寒酸了，不如送来更浓的芬芳和更脆甜的瓜果。

年岁渐长，又做了心理医生，从自己的苦恼和他人的困惑中才悟出，休息和眼泪真是无与伦比的宝贝。

休息是什么呢？是山高路远跋涉其间喝茶的闲暇，是无所事事坐看星辰、秋风落叶的散淡，是百无聊赖地伸懒腰和迷迷瞪瞪的困倦，是三五死党鸡零狗碎的游走和闲谝……这指的是懈怠的休息，还有一种更奋不顾身的休息。到高处攀登，到深海潜藏，从苍穹坠落，与猛兽同眠……求的是冷汗涔涔的刺激，收获的是惊世骇俗的风险，甚至搭上了性命也在所不惜。无论休息的外套怎样千变万化，有一个共性永存其中，那就是它真的什么也不创造，除了快乐。它什么都消耗，最主要的是时间和金钱。

再说说眼泪吧。人可以因为各种原因流眼泪，包括大喜过望和义愤填膺的时刻。眼泪几乎是除了大小便，我们能主动排泄的唯一体液了。不信你试试，如果不是火热的劳动和过度的紧张，你想命令自己出汗，并非易事。

眼泪是从最靠近我们大脑的双眼之穴涌流出来的，单单这一点，就让人充满了奇妙和敬畏。眼泪可以把我们恶劣的心境和强烈的情感溶解在其中，将那些毒素排出，而将圣洁和宁静沉淀下来还给我们。泪水冲刷洗涤着昏暗的双眸，让它们恢复清洁和明亮。它是心灵火山爆发的岩浆，苦涩之水前赴后继地滴落，需要大量新鲜的血液涌入大脑。脉管扩张，血流澎湃，就像黄河水漫灌了苦旱的平川地，于是万物复苏，草木葱茏，思考的藤蔓随之萌芽延展。

现代人放弃休息、鄙夷眼泪，他们以为这是不值一提的废物，如同办公室里被粉碎了的过期纸屑。将休息从自己的日程表中放逐，其实是一种慢性自杀。号称从来都不流一滴眼泪的硬汉子，说得悲惨点儿，就是被阉割了情感的怪物。

让我们在该休息的时候休息，在该流泪的时候哭泣。这不是上帝送给亚当和夏娃的礼物，而是你自己传给自己的生命秘籍。

看着别人的眼睛

很小的时候，如果我有了过失，说了谎话，又不愿承认的时候，妈妈就会说：看着我的眼睛。如果我襟怀坦荡，我就敢看着她的眼睛，否则就只有羞愧地低头。

从此，我面对别人的时候，看着他的眼睛。

当我失败的时候，看着亲人的眼睛，我无地自容。但悲伤会使我的眼睛噙满泪水，却不会使我闭上眼睛。看着批评我的目光，我会激起正视缺点的勇气与信念。我会仔细回顾我走过的路，看看自己是怎样跌倒的，今后避开同样的危险。

当我得到表扬的时候，我也快乐地注视着别人的眼睛。我不喜欢假装谦虚把睫毛深深地垂下，一个人回到僻静处悄悄地乐。我愿意把心中的喜悦像满桶的水一样溢出来，让我的朋友们分享。在我的亲人、我的朋友的眼睛里，我读出他们的快活和对我更高的希冀。表扬不但没有使我忘乎所以，反倒使我感到肩上的担子更加沉重。成功好比是一座小山，一个准备走很远的路的旅人，站得高了，才会看到目的地的篝火。他会加快自己的脚步。

当我面对陌生人的时候，我会格外注视他的眼睛。眼睛是心灵的窗户，这已经是被说腻了的古话，可我要说眼睛不仅仅是窗户，它是心灵的家。假如陌生人的目光坦诚而友好，我会向他伸出我的手。假如陌生人的目光犹疑而彷徨，我断定他是一个没有主见的人，不能与他成为朋友。假如陌生人的目光躲闪而阴暗，我会退避三舍，在心里敲起警钟。假如陌生人的目光孤苦无告，我愿意提供力所能及的帮助。

当我面对熟识的人的时候，我会观察他的眼睛有没有变化。岁月会改变一个人的眼光，就像油漆的家具会变色一样。但是有些老朋友的眼光是不会变的，像最清澈的水晶，晶莹一生。但他们的眼睛会随着喜怒哀乐变换颜色，作为朋友，我愿与他们分担。假如他们悲哀，我愿为他们宽心。假如他们喜悦，我愿与他们分享。假如他们焦虑，我愿出谋划策。假如他们忧郁，我愿陪着他们沿着静静的小河走很远很远。

当我独自一人面对镜子的时候，我严格地审视自己的眼睛。它是否还保持着童年人的纯真与善良？它是否还凝聚着少年人的敏锐与蓬勃？它在历尽沧桑以后，是否还向往人世间的真善美？

面对今后岁月的风霜雨雪，它是否依旧满怀勇气与希望？

当我面对森林的时候，我注视着森林的眼睛。它就是树干上斑驳的年轮和随风摇曳的无数嫩叶。它们既苍老又年轻，流露出大自然无限的生机。

当我在月夜里面对星空的时候，我注视着宇宙的眼睛。那是苍穹无数的星辰。天是那样幽蓝而辽阔，周围是那样静寂而悠远。作为一个单独的人，我们是多么渺小啊！但正是看似微不足道的人类，开始了征服宇宙的长征。在这个意义上，人类有时那样伟大而悲壮。每一个孤立的人，都像小星星一样微弱，但集结起来，就可以给迷途的人指引方向，就可以在黑暗中放出光明。

我注视着滔滔的流水，浪花就是它的眼睛。生命在于运动，假如大海没有了波涛，就结束了它浩瀚博大的使命，大海就瞎了，成为死水一潭，再也不能负载舟楫远航，再也不能任海鸥翱翔，再也不能繁养无数的水族，再也不能驮着我们在海滩上嬉戏……

世界上所有的生灵都有它们的眼睛，就看你用不用心寻找，就看你有没有勇气和它对视。

当我刚刚开始学习注视别人的眼睛的时候，心中很有些不安。我觉得自己是个小小的孩童，我怎么敢看着别人的眼睛？那不是太不尊敬人了吗？我对妈妈讲了我的顾虑。她笑了，说，那你明天试着看看老师的眼睛。

第二天，在课堂上，我开始注视着老师的眼睛。好怪啊，老师好像专门给我一个人讲课似的。我的思考紧紧地跟随老师的讲解，在知识的密林里寻觅。当讲到重要的地方，我看到老师的眼睛里冒出精彩的火花，我知道自己一定要记住它。当老师的眼光像湖水一样平静的时候，我知道这只需要一般掌握。当我在读老师的眼睛的时候，老师也在读我的眼睛。假如我显现出迷惘与困惑，老师就会停顿他讲解的步伐，在原地连兜几个圈子，直到我的目光重又明亮如洗。假如我调皮地向他眨眨眼睛，他会突然把讲了一半的话咽进嘴里。他知道我已心领神会，可以继续向下讲了。

我这才知道，眼睛对眼睛，是可以说话的。它们进行无声的交流，在这种通行的世界语里，容不得谎言，用不着翻译。它们比嘴巴更真实地反映出一个人隐秘的内心世界。

随着年龄的增长，我明白了注视着别人的眼睛是一种郑重，是一种尊敬，是一种信任，是一种坦诚。

当然了，这种注视不是死瞪瞪地盯着人家看，那样可真有点儿傻乎乎并且不文雅了。注视的目光应该是宁静而安然的，好像是我们在晴朗的天气眺望远处的青山。

如果我听懂了他的话，我会轻轻地点头。如果我需要他详细解说，我会用目光传达出这种请求。

注视着别人的眼睛，也给自己提出了更高的要求。

当我注视着别人的眼睛说“谢谢你”的时候，我必须发自内心地真诚。

当我注视着别人的眼睛说“对不起”的时候，我必须传递由衷的歉意。

当我注视着别人的眼睛说“我能把这件事做好”时，我一定要有“下一个必胜”的信心。

当我注视着别人的眼睛说“请相信我”时，我觉得自己陡然间增长了才干和胆魄。

医学家证明，人在说谎的时候，无论他多么历练老辣，他的眼睛都会泄露他的秘密。他的瞳孔会扩散变大，他的视线会游移，眼睑也会不由自主地下垂。

为了我们能够勇敢地注视别人的眼睛并且不怕被别人注视，让我们做一个襟怀坦荡、心灵像水晶般透明的人。

做一棵城市树需要勇气

城市中的树较乡村中的树，须更经得起吵闹。乡村是安静的，有黎明前的黑暗和黄昏的炊烟，城里的树却是要被五花八门的噪声轰得聋掉。如果把城市的树叶和乡村的树叶堆到一起，拿一把音叉来测它们对声音的反应，乡村的树叶一定是灵敏和易感的，像婴儿一样好奇。城市的树叶却像饱经沧桑的老汉，有点儿大智若愚地呆傻在那里。

城市的树比旷野中的树，要肮脏许多。它们的脸上蒙着汽油、柴油、花生油和地沟油的复合膏脂，还有女人飘荡的香粉和犬的粪便干燥之后的微粒。旷野当中的树啊，即使屹立在沙尘暴中，披满了黄土的斗篷上点缀着不规则的石英屑，寒碜粗糙，却有着浑然一体的本色和单纯。

城市中的树比起峡谷中的树，要谨小慎微得多。不可以放肆地飞舞杨花柳絮，那会让很多娇弱的城里人过敏，也污染了春光明媚的镜头里的嫣然一笑。城里人只会喜欢鳏夫和寡居的树，那些太一致、太规整的树林，让人感觉不到树的天性，仿佛列队的锡兵。只有峡谷中的树，才是精神抖擞、风流倜傥的，毫不害羞地让鸟做媒人，让风做媒人，让过往的一切动物做媒人，一日一夜间，把几千万的子嗣洒向天穹，任它们天各一方。

城市中的树比山峰上的树，要多经几番挣扎磨难，还有突如其来的灾变。下雪之后，勤快的人们会把融雪剂堆积在树干深处。化学的物质和雪花掺杂在一起，清凉如水貌似温柔，其实是伪装过的咸盐的远亲，无声无息地渗透下去，春夏之交才显出谋杀的威风，盛年的树会被腌得一蹶不振。个别体质孱弱的树，花容憔悴之后便被索了命去。

城市中的树比之平原中的树，多和棍棒金属之类打交道。平原的树，也是要见刀兵的，那只限被请去做梁做檩的时候，虽死犹荣。城市中的树，却是要年年岁岁屡遭劫难。手脚被剁掉，冠发被一指剃去，腰肢被捆绑，百骸上勒满了一种叫作"瀑布灯"的电线。到了夜晚的时候，原本朴素的树就变成了圣诞树一样的童话世界，有了虚无缥缈的仙气。

当然了，说了这许多城市树的委屈，它们也有得天独厚的享受。当乡下的树把根系拼命地往地下扎，在大旱之年汲取水分的时候，城市里的树却能喝到洒水车喷下的甘霖。可惜当暴风雨突袭时，最先倒伏的正是那些城里的大树，它们头重脚轻，软了根基。

城市的树还有一个好处，就是常常被许多人抚摸。只是至今我也闹不明白，倘若站在一棵树的立场上，被人抚摸是好事还是坏事？窃以为凶多吉少。树是一条鲜活的生命，喜欢自由自在、我行我素。它不是一朵云或是一条狗，也不是恋人的手或是一沓钞票。君不见若干得了“五十肩”的半老不老之人，为了自己的胳膊康复，就揪住了树的胳膊荡秋千。他们兴高采烈地运动着，听不到树的叹息。

城市的树还像城市里的儿童一样，常常被灌进各式各样的打虫药。我始终搞不懂这究竟是树的幸福还是树的苦难。看到树上的虫子在药水的毒杀下，如冰霰一般落下，铺满一地，过往的行人都要撑起遮阳伞才敢匆匆走过。为树庆幸的同时，有没有良心的思忖：树若在山中沐浴，临风摇头摆脑，还会生出这般浓密的虫群吗？

如此说来，做一棵城市里面的树，是需要勇气的。它们背井离乡到了祖先所不熟悉的霓虹灯下，那地域和风俗的差异，怕是比一个民工所要遭受的惊骇还要大吧。它们把城市喧嚣的废气吞进叶脉，把芜杂的音响消弭在摇曳之中，它们用并不鲜艳的绿色装点着我们的城市，夜深了，它们还不能安眠，因为不肯熄灭的路灯还在照耀着城市。路灯在某种程度上成了打折扣的太阳，哺育着附近的叶子。不信你看，每年深秋最后抖落残绿的树，必定是最靠近电线杆的那些棵。

有的人像树，有的人不像树。像树的人，有人在乡下，有人在城市里。城市里的树，骨子里不再是树了，变成了人的一部分，最坚忍最朴素的一丛，无语地生活着。

比树更长久的

人们对于生命比自己更长久的物件，通常抱以恭敬和仰慕；对于活得比自己短暂的东西，则多轻视和俯视。前者比如星空，比如河海，比如久远的庙宇和沙埋的古物。后者比如朝露，比如秋霜，比如瞬息即逝的流萤和轻风。甚至是对于动物和植物，也是比较尊崇那些寿命高的巨松和老龟，而轻慢浮游的孑孓和不知寒冬的秋虫。在这种厚此薄彼的好恶中，折射着人间对于时间的敬畏和对死亡的慑服。

妈妈说过，人是活不过一棵树的。所以我从小就决定种几棵树，等我死了以后，这些树还活着，替我晒太阳和给人阴凉，包括也养活几条虫子，让鸟在累的时候填饱肚子，然后歇脚和唱歌。我当少先队员的时候，种过白蜡和柳树。后来植树节的时候，又种过杨树和松树。当我在乡下有了几间小屋，有了一块属于自己的小园子之后，我种了玫瑰和玉兰，种了法国梧桐和迎春。有一天，我在路上走，看到一截干枯的树桩，所有的枝都被锯掉了，树根仅剩一些凌乱的须，仿佛一个倒竖的鸡毛掸子。我问老乡，这是什么？老乡说，柴火。我说，我知道它现在是柴火，想知道它以前是什么。老乡说，苹果树。我说，它能结苹果吗？老乡说，结过。我不禁愤然道，为什么要把开花结果的树伐掉？老乡说，修路。

公路横穿果园，苹果树只好让路。人们把细的枝条锯下填了灶坑，剩下这拖泥带土的根，连生火的价值都打了折扣，弃在一边。

我说，我要是把这树根拿回去栽起来，它会活吗？老乡说，不知道。树的心事，谁知道呢？我惊，说，树也会想心事吗？老乡很肯定地说，会。如果它想活，它就会活。

我把“鸡毛掸子”种在了园子里，挖了一个很大的坑，浇了很多的水。先生说，根须已经折断了大部，根本就用不了这么大的坑，又不是要埋一个人，水也太多了，好像不是种树，是蓄洪。我说，坑就是它的家，水就是它的粮食。我希望它有一份好心情。

种下苹果树之后的两个月，我一直四处忙，没时间到乡下去。当我再一次推开园子的小门，看到苹果树的时候，惊艳绝倒。苹果树抽出几十根长长短短的枝条，绿叶盈盈，在微风中如同千手观音一般舞着，曼妙多姿。

我绕着苹果树转了又转，骇然于生命的强韧，甚至不敢去抚摸它紫青色的树干，唯恐惊扰了这欣欣向荣的轮回。此刻的苹果树在我眼中，非但有了心情，简直就有了灵性。

当我看到云南个旧市老阴山上的文学林的时候，知道自己又碰上了一群有灵性的树。1983年的春天，丁玲、杨沫、白桦、茹志娟、王安忆等二十多位作家，在这里种下了树。21年过去了，我看到一棵高高的杉树，上面挂着一块铭牌，写着“李乔”。李乔是位彝族作家，已然仙逝。我没缘分见到他本人，但我看到了他栽下的树。以后当我想起他的时候，记不得他的音容笑貌，但会闪现出这棵高大的杉树。李乔已经把生命的一部分嫁接到杉树的枝叶里，这棵杉树从此有了自己的名姓。

也许是考虑到每人一棵树，不一定能保证成活，也不一定能保证多少年后依然健在，这次聚会，栽树的仪式改为大家同栽一棵树。这是一棵很大的树，枝叶繁茂。我也挤在人群中扬了几锹土，然后悄悄问旁人，这是一棵什么树？

是棕树的一种，国家二类保护树种呢！工作人员告诉我。

这棵树能活多少年呢？我又追问。

这个……不大清楚，想来，一百年总是有的吧。工作人员沉吟着。

我看着那棵新栽下的棕树，心想不管它的寿命多么长久，总有凋亡的那一天。也许是被雷火劈中，也许是被山洪冲毁，也许是被冰霜压垮，也许是被盗木者砍伐……总之，一棵树也像一个人一样，有无数种死法，总之是不会永远长青的。

在栽树的时候，去谋划一棵树的死亡，这近乎是刻毒了。我不想诅咒一棵树。鉴于一个人总是要死的，人们寄希望于那些比个体生命更悠远的事物。但一棵树也是会死的，即使像我捡来的苹果树那样顽强且有好心情的树，也是会死的。既然树木无望，我们只有寄托于精神的不灭。

一个人是活不过一棵树的，然而再古老的树也有尽头。在所有树的上面，飞翔着我们不灭的精神，而文学是精神之林的一片红叶。

『未来』和『将来』的区别

“未来”和“将来”，意思好像差不多。老祖宗是很讲究词语的，比如秀丽和漂亮，都是形容好看，其中有细微却不容忽视的区别。秀丽更自然天成，漂亮则带有人工斧凿的痕迹。那么“未来”和“将来”的差异究竟在哪儿？坦率地讲，我成天和文字打交道，很长时间内搞不清。

原认为“未来”和“将来”的不同，主要在于时间距离的长短。比如常说：“走向未来”，指比较遥远的时间段，无法改成“走向将来”。换后者也可勉强成文，终不伦不类。也就是说，“将来”似乎是比较贴近眼前的时间，“未来”的尺度则更宏大一些，有点儿像公里和海里的关系。察觉失误源于听天气预报。播音员常说：“在未来二十四小时内……”

一昼夜并不遥远，但这句话不便改成“在将来二十四小时内”。看来单是距此时此刻的时间尺度，并不是这两个词的分水岭。

查词典。

“将来”——“时间词。现在以后的时间。”

“未来”——“就要到来的。指时间。”

如此解释，半斤八两，不了了之。似乎也不便埋怨撰写词典的人敷衍了事，这两个词，在日常使用上，像通用电脑的内存条，置换方便。比如说，“未来是青年人的”，可以很利索地转化为“将来是年轻人的”，理解上无重大歧义。

那么，智慧的老祖宗，为什么还要分得这么细?

近读一本学者的书，茅塞顿开。文中说，“未”字的古义是“滋味”。“未”字和“木”字很相像，比木多了一横。这一横可不是随便加的，有深意。它代表树叶，表示枝干繁茂。繁茂了和滋味有什么关系？此刻需要一点儿艺术想象力——叶子多了说明树木生长情形良好，结的果子就多，味道就好……叶子遮挡了光线，树下就显出朦胧昏昧的样子，表达一种不可知和不可测的神秘性。

哈！原来“未”的意思是——“朦胧的果实”。

至于“将来”的“将”字，居然有些热腾腾的血腥气藏在内里，指“手执利剑屠宰杀生”，所以最初多用于将军和厨师，后来渐渐衍生出“掌握”和“选择”的意思。

如果一定要概括“将”字形象，我愿意把它描绘成遮掩着某些利益的黑色斗篷。

学者说，“未来”是指在我们视野之外的明天，“将来”是指在我们掌握之中的明天。

它们都犀利地指向明天。“未来”是一颗雾蒙蒙的核桃，“将来”是一只隐蔽的魔柜。

某学生成绩优异，人们说，这孩子将来能上重点中学，将来能上大学。在这里，“将来”有一种探囊索物的笃定、运筹帷幄的安详。一个人发了财，只要经营得当，不犯法，他将来会成为富翁。当然意外也随伺左右，如果学生临场失常、考试砸锅，商人徇私舞弊、作奸犯科，人们会说，看！他把自己的将来给毁了。“将来”虽然是预计，在这里却几乎成了人人可以把握的既定事实。

“将来”所说的明天，实质上更多是一种惯性，是在基础上搭盖的二层楼，是箭已离弦，从铁弓到靶心的飞行过程。于是就有了世故和因循的气息，成了可以预期红利的股票。

“未来”更富于冒险和挑战。它是昏暗中的不倦探索，是勇气和智慧的多次叠加战胜了恐惧后的欣喜，是漂浮着幻想泡沫的鸡尾酒。

当人们反复强调未来不是梦的时候，内心确知未来有太多梦幻的成分。当人们允诺未来的寰球是和平世界时，面对的是眼前的硝烟和核弹。当人们说，未来要到星际旅行，等待人类的实际上是艰巨拼搏和献身。人们大胆地对未来做出的种种预测，其实只是孤独和勇敢地对着茫茫宇宙的悲壮自白。

“将来”很实惠，“未来”多虚幻。一个人在明天的早饭还没着落的时候，考虑的只能是“将来”。但两厢比较，我还是更喜欢“未来”的含义。

“将来”当然重要。这条优质纱巾，把某些已露端倪的矛盾遮盖着，掩藏起短兵相接的锋芒。温暖地包裹鸡蛋，把它孵化，某个黎明，嘹亮的鸡啼把主人唤醒。一颗海椰被风暴冲到适宜生长的岸边，便会长成大树，需要的仅仅是时间。定时炸弹埋在土里，秒针无声走动，一个惊天动地的时刻渐渐迫近……“将来”不是无源之水、无本之木，“将来”是春种秋收勤劳敬业的农夫。你播下的是龙种，收获的就不是跳蚤。

所以对待将来，如同守候性能可靠的生产线，按部就班是它的最大特征。输进原料，就准备照单接收产品。出了废品，切勿埋怨客观，必是某个环节出了故障，隐患早趴暗处了。如果得到嘉奖，也不必大喜过望，所有数据已经输入，就像火箭发射，飞上蓝天才是正理，凌空一炸就是大冷门了。

所以，“将来”的基调是冷静的古朴之色。循序渐进是经，成竹在胸是纬。所以让我们生出些许畏惧、些许忐忑，概因时间的关系。好像正在显影的照片，虽然一切已经定型，毕竟最后一道工序尚未完成。在某些情形下，“将来”之手有足够的力量，把事情变糟。

我们永不能对“将来”掉以轻心。

但从人类的发展史来说，更重要的是面向未来。猿从树上降落到草地，直立行走，绝不仅仅是已知行为方式的延伸和把握，而是充满了想象力度的空前变革。前景如何，无法预报。最初的人类，只是在若明若暗的曦光中走着，艰难困窘地挺进远方。然而，一个伟大的新世纪，就在这蹒跚的脚印中爆发。

“将来”是沉稳的，“未来”是炙烈的。“将来”是简明扼要的，“未来”是华美铺张的。“将来”是务实的，“未来”是缥缈的。“将来”是有条不紊的，“未来”是浮想联翩的。“将来”是惨淡经营的，“未来”是举重若轻的。“将来”是可以揭秘一览无余的苫布，“未来”是永在夜空闪烁、不可触及的星巢。

“将来”更多地属于个体。“未来”则是全人类远眺的家园。

现今的人们，常常为自己设计多种“将来”，将来变得越来越精确和细致。但一己的将来固然重要，整个人类的未来，更是现代人必须关注的方向。“将来”和“未来”结合在一起，就是飞翔的魔毯，把我们载往远方的树林，那里有朦胧的新的果实。

教养的证据

“教养”是个高频词。时下，如果说某人没教养，就是大批评大贬义了。如果说一个女人没教养，简直就如同说她是三陪小姐了。

什么叫教养呢？词典上说是“文化和品德的修养”，但我更愿意理解为“因教育而养成的优良品质和习惯”。

一个人可以受过教育，但他依然是没有教养的。就像一个人可以不停地吃东西，但他的肠胃不吸收，竹篮打水一场空，还是骨瘦如柴。不过，这话似乎不能反过来说——一个人没有受过系统的教育，他却能够很有教养。

教养不是天生的。一个小孩子如果没有人教给他良好的习惯和有关的知识，他必定是愚昧和粗浅的。当然，这个“教”是广义的，除了指入学经师，也包括家长的言传身教和环境的耳濡目染。

教养和财富一样，是需要证据的。你说你有钱不成，得拿出一个资产证明。教养的证据不是你读过多少书，家庭背景如何显赫，也不是你通晓多少礼节规范，能够熟练使用刀叉，会穿晚礼服……这些仅仅是一些表面的气泡，最关键的证据可能有如下若干。

热爱大自然。把它列为有教养的证据之首，是因为一个不懂得敬畏大自然、不知道人类渺小的人，必是井底之蛙，与教养谬之千里。这也许怪不得他，因为如果不经教育，一个人是很难自发地懂得宇宙之大和人类的微薄的。没有相应的自然科学知识，人除了显得蒙昧和狭隘以外，注定也是盲目傲慢的。之所以从小就教育孩子要爱护花草，正是这种伟大感悟的最基本的训练。若是看到一个成人野蛮地攀折林木，通常人们就会毫不迟疑地评判道：这个人太没有教养了。可见教养和绿色是紧密地联系在一起。懂得与自然协调地相处，懂得爱护无言的植物的人，推而广之，他多半也可能会爱惜更多的动物，爱护自己的同类。

一个有教养的人，应该能够自如地运用公共的语言，表达自己的内心和同他人交流，并能妥帖地付诸文字。我所说的公共语言，是指大家——从普通民众到知识分子都能理解的清洁和明亮的语言，而不是某种狭窄的土语俚语或者某特定情境下的专业语言。这个要求并非画蛇添足，在这个千帆竞发的时代，太多的人，只会说他那个行业的内部语言，只会说机器、仪器能听懂的语言，却不懂得和人亲密地交流。这不是一个批评，而是一个事实。和人的交流的掌握，特别是和陌生人的沟通，通常不是自发产生的，是要通过学习和练习来获得的。一个没有受过教育的人，他所掌握的词汇是有限的和贫乏的，除了描绘自己的生理感受，比如饿了、渴了、睡觉以及生殖的欲望之外，他们对于自己的内心感知甚为模糊，因为那些描述内心感受的词语，通常是抽象和长于比兴的。不通过学习，难以明确恰当地将它表达出来。那些虽然拥有一技之长但无法精彩地运用公共语言这种神圣的媒介来沟通和解读自我心灵的人，难以算是一个有教养的人。技术是用来谋生的，而仅仅具有谋生的本领是不够的。就像豺狼也会自发地猎取食物一样，那是近乎无须教育也可掌握的本能。而人，毫无疑问地应比豺狼更高一筹。

一个有教养的人，对历史有恰如其分的了解，知道身而为人，我们走过了怎样曲折的道路。当然，教养并不能使每个人都像历史学家那样博古通今，但是教养能使一个有思考爱好的人知晓我们是从哪里来，要到哪里去。教养通过历史使我们不单活在此时此刻，也活在从前和以后，如同生活在一条奔腾的大河里，知道泉眼和海洋的方向。

一个有教养的人，除了眼前的事物和得失以外，他还会不由自主地想到他远大的目标。教养把人的注意力拓展了，变得宏大和光明。每一个个体都有沉没在黑暗峡谷的时刻，当你在跋涉和攀缘中，虽然伤痕累累，因为你具有的教养，确知时间是流动的，明了暂时与永久。相信在遥远的地方定有峡谷的出口，那里有瀑布在轰鸣。

一个有教养的人，特别是女人，对自己的身体有着亲切的了解和珍惜之情，知道它们各自独有的清晰的名称，明了它们是精致和洁净的，身体的每一部分都有着不可替代的功能，并无高低贵贱的区别。他知道自己的快乐和满足，有很大的一部分是建筑在这些功能灵敏的感知上和健全的完整上的。他也毫无疑义地知道，他的大脑是他的身体的主宰。他不会任由他的器官牵制他的所作所为，他是清醒和有驾驭力的。他在尊重自己身体的同时，也尊重他人的身体。在尊重自我的权利的同时，也尊重他人的权利。在驰骋自我意志的骏马时，也精心维护着他人的茵茵草地。

一个有教养的人，对人类种种优秀的品质，比如忠诚、勇敢、信任、勤勉、互助、舍己救人、临危不惧、吃苦耐劳、坚贞不屈……充满敬重、敬畏、敬仰之心。不一定每一个人都能够身体力行，但他们懂得爱戴和歌颂。人不是不可以怯懦和懒惰，但他不能把这些陋习伪装成高风亮节，不能由于自己做不到高尚，就诋毁所有做到了这些的人是伪善。你可以跪在泥里，但你不可以把污泥抹上整个世界的胸膛，并因此像煞有介事地说到处都是污垢。

有教养的人知道害怕。知道害怕，是件有意义、有价值的事情。它表示明了自己的限制，知道世上有一些不可逾越的界限，知道世界上有阳光，阳光下有正义的惩罚。由于害怕正义的惩罚，因而约束自我，是意志力坚强的一种体现。

有教养的人知道仰视高山和宇宙，知道仰视那些伟大的发现和人格，知道对于自己无法企及的高度表达尊重，而不是糊涂地闭上眼睛或居心叵测地嘲讽。

教养是不可一蹴而就的。教养是细水长流的。教养是可以遗失也可以捡拾起来的。教养也具有某种坚定的流传和既定的轨道性。教养是一些习惯的总和，在某种程度上，教养不是活在我们的皮肤上，而是繁衍在我们的骨髓里。教养和遗传几乎是不相关的，是后天和社会的产物。教养必须有酵母，在潜移默化和条件反射的共同烘烤下，假以足够的时日，才能自然而然地散发出香气。教养是衡量一个民族整体素质的一张X光片子。脸面上可以依靠化妆繁花似锦，但只有内在的健硕才经得起冲刷和考验，才是力量的象征。

在生命的所有季节播种

朋友，当我看你的信的时候，是一个阴雨绵绵的早上。我仿佛听到你在远处悠长的叹息。我认识很多这样的女人，青春已永远驶离她们的驿站，只把白帆悬挂在她们肩头。在辛劳了一辈子之后，突然发现整个世界已不再需要自己。她们坠入空前的大失落，甚至怀疑自己生存的意义。

女人，你究竟为谁而活?

当我们幼小的时候，我们是为父母而活着的。我们亲昵的呼唤，我们乖巧的举动，我们帮母亲刷锅洗碗，我们优异的成绩给父亲带来欣喜……女孩以为这就是生存的意义。

当我们青春的时候，我们是为工作和知识而活着。我们读书，我们学习，我们在自己的岗位上努力地工作着，我们得各式各样的奖状……女人以为这就是生存的意义。

当我们和人类的另一半结合在一个屋檐下的时候，我们以为太阳会在每一个早上升起，风暴会被幸福隔绝在遥远的天际。我们以丈夫的事业为自己的事业，无私地贡献出自己的一切。遵循美德，妻子以为这就是生存的意义。

当我们有了自己的孩子以后，我们视孩子胜过自己的生命。在母亲和孩子的冲突中，女人是永远的弱者。在干渴中，只要有一口水，母亲一定会把它喂给孩子。在风寒中，只要有一件衣，母亲一定会披在孩子的身上……母亲以为孩子就是自己生存的意义。

终于，丈夫先我们而去，孩子已展翅飞翔，岗位上已有了更年轻的脸庞，整个世界已把我们遗忘。

这个时候，不管你有没有勇气问自己，你都必须重新回答：为谁而生存？

丈夫、孩子、事业……这些沉甸甸的谷穗里，都有女人的汗水，但他们毕竟不是女人自身。女人是属于自己的，暮年的女人，像秋天的一株白杨，抖去纷繁的绿叶，露出树干上智慧的眼睛，独自探索生命的意义。

生命对于每个人，都是上苍只有一次的馈赠。女人要格外珍惜生存的机遇，因为她们的一生更多艰难。我们是为了自己而生活着，不是为其他任何人。尽管我们曾经如此亲密，尽管我们说过不分离，但生命是单独的个体，无论怎样血肉交融，我们必须独自面临世界的风雨。

女人要学会播种，即使是在一个没有收获的季节。女人太习惯以谷穗衡量是否丰收，殊不知有时播种就是一切。开心的钥匙不是挂在山崖上，就在我们伸手可及的地方。

只要你感到是为自己而生活，世界也许就会在眼中变一个样子。写文章，为什么一定要发表？自己对自己倾诉，会使心灵平和。练书法，为什么一定要展览？凝神屏气地书写，就是与天地古今的交融。教学生，为什么一定要到学校？做善事，为什么一定要别人知晓？

他人的评判固然重要，但最重要的是我们对自己的评判，这是任何人都无法剥夺的权利。只要女人自己不嘲笑自己，只要女人不认为自己不重要，谁又能让你低下高贵的头？

生命是朴素的，它让女人领略了风光之后，回归原始的平静。在这种对生命本质的探讨中，女人更深刻地认识到自身的价值。

在生命所有的季节播种，喜悦存在于劳动的过程中。

溪水金沙

人的天性如溪水，学习的本能就是金沙。它们潜伏在水中，浪花翻溅时一眼看不到它的颗粒，但因了它们的存在，水变得更有分量和价值。

我相信那些不含有金沙的小溪已经干涸，因为人类生存的环境曾经并且还将是刺骨险恶，你一个人的经历是不丰富的，你同时代的借鉴是不全面的，你一个行业的规则是不完整的……如果不爱学习、不善于学习、不坚持学习的话，就会被层出不穷的打击和灾变来征伐与掩埋，这个人的遗传基因就昙花一现地湮灭了。

所以，乐观地说，我们每个人都是那些爱学习的人的后代，唯有这项潜藏在血液中的专擅，令我们比所有的动物都更繁荣递进。

学习是有很多种方法的，比如抬头望天，你可以学到星空的叙事是无与伦比的宏大，滋生出的渺小和畏惧感让你一生警醒、谦逊。比如低头俯地，你可以窥到万物葱茏、物竞天择、优胜劣汰、残酷、公平，激发出的紧迫和危机感让你不敢有一刻懈怠与放松。比如听妈妈讲那过去的事情，你会生出无限的柔情，不但绕指，更是绕心。比如看风光大片、科幻影像，你会惊骇莫名，有一种充满未知的狂喜和震撼……

然而，我以为最好的学习还是阅读。

首先我们要感谢文字，因为有了文字，我们的情感血脉才有了附着的骨骼，我们的理论枝蔓才有了攀缘的篱笆，我们的科技成果才有了传袭的衣钵，我们的历史才有了一面面古镜矗立照耀。

时代进步，从布帛竹简到计算机液晶屏，书写变得越来越快，阅读变得越来越方便了。记得我小时候，看一本长篇小说要个把星期，那还算快的呢！借书给朋友，不过百八十页，半个月后要她还，她说，这才几天啊你就催，我还没看完呢，小气呀小气！

读书，一种是技艺之书，讲的是各行各业的特殊规则；还有一种是普遍的知识，比如文史哲。读行业之书的人多，读普遍知识的人少。有一年我到国内著名的一所医科大学授课，我说，你们这些未来中国最杰出的医生，有谁读过《红字》？有谁读过《罪与罚》？请举手。台下抬臂者寥寥。在感谢了这些博士生的诚实之后，我深表遗憾。一个医生，除了读医书以外，也要读艺术。因为你面对的不是一只装满了病痛脓血的破罐子，而是一个活生生的人。生死契阔啊，他们在最悲苦无助的时候和你狭路相逢，你要医治他，不仅仅是凭着你的精湛医术，而且要凭着你强大的人格和综合的力量。如果你想当一个名医而非庸医，请在读医书的同时也展读人文科学方面的书籍。提高了你的素养，是你的福气，是你爹妈、妻子、丈夫、孩子的福气，同时也造福了你的病患。

我相信，一个读过很多专业以外书籍的建筑师盖出的楼房一定更漂亮和更实用。我相信，一个读过很多专业以外书籍的学者，授课传业的时候一定更风趣、更幽默、更旁征博引、口吐莲花。我相信，一个读过很多专业以外书籍的科学家，提出的设想和理论一定更曲径通幽、独树一帜。我相信，一个读过很多专业以外书籍的管理者，企业一定更具活力和创新精神。

我们曾经有过阅读备感艰难的时代。高玉宝的“我要读书”就是明证。那时候的无法阅读，是因为贫困和压迫。后来又有过对知识的蔑视，阅读也被视为通向反动的阶梯。我上初中一年级的时候，正逢“文化大革命”。学校停课闹革命，图书馆也关闭了，任何人不得进入。得知可以不再读书的第一天，心情像焰火一样蓬松、绚烂。但日子一天天驰去，牙口徒长，知识却永远停留在十三岁的水平，那种渐进式的痛楚巨蚕噬桑般把意志镂空。

后来，图书馆开了一道小小的门缝，说是可以借阅“毒草”了，代价是你看完一本之后要交出一篇大批判文章。还书的时候，批判稿须一并附上，如果审查合格，就可以继续借阅；如果你敷衍了事或者干脆交不出批判文章，便永久取消你的借阅资格。

大家蜂拥去借书。但几轮之下，就门可罗雀了。规则严苛，审查文稿者声色俱厉，拥有借阅资格的人越来越少。我面临一个悖论。我喜爱“毒草”的芬芳，可我不得不批判它们。为了能继续阅读，只有口是心非。记得我曾面对苍穹向大师们祷告，说，你们既然能创造出那么多心境复杂的人物，一定也能体谅一个中国女孩此时的难处，为了能亲近你们，就原谅我说你们的一点点坏话吧，请不要生气……

现如今，很多人不再贫穷，也没有人压制阅读，可时间成了瓶颈，很多人苦恼的是总也找不到空闲来阅读。

那是因为有太多的诱惑。

阅读是没有香氛的，于是抵不过餐桌的美味。阅读是孤独的，于是没有觥筹交错的热闹。阅读是伴有思考和停顿的，于是没有游戏般的顺畅和惬意。阅读甚至是充满碰撞和痛楚的，因为有忏悔的顾盼和掘进的深入。

但是，优秀的阅读是有力量的，因为在阅读的时候，你不是一个人，而是和古今中外的先驱者们并行。

假若天使到你家

假如天使到了你家，你会要求些什么？要些什么礼物？

其实人们的要求并不复杂。无非是家人的平安和团聚，足够的衣食温饱，然后就是游玩和快乐了，当然，还有创造。

也许有人会说，要这些凡俗的东西多么无趣啊，既然遇到了天使，就应该向他索要更多的金钱和美色……

乍一想，似乎也有道理。千载难逢的机会砸到了你脑袋上，为什么不狮子大张口，让这些平日你艳羡不止的东西多多益善，将自己包围呢？

好吧，就算有这样宽宏大量的小天使，给了你足够的金钱和美女，然后呢？天使飞走了，你还要继续过下去。你不断地消费金钱，快乐却一点点地减少。这是一条古老的法则——当什么东西充斥在我们周围、无穷无尽的时候，我们就飞快地麻木了。你和美貌的女子周旋，却不会得到爱情，因为没有一个有思想、有爱心的女子会爱上一个饭来张口、衣来伸手的酒囊饭袋。况且，说句有关生理卫生的话，美女环绕，男性的生殖机能很快就会衰竭，这可是从帝王将相那个朝代就屡试不爽的。

总之，就像空气、水、盐一样，精神的必需品——爱、欢乐和团圆，是非常朴素却须臾不可离开的。

梅花催

很多人以为爱是虚无缥缈的感情，以为爱在我们的日常生活中发生的频率十分低，以为只有空虚的、细腻的、多愁善感的人才会在淋淋秋雨的晚上和薄雾袅袅的清晨，品着茶、吹着箫，玩味什么是爱，以为爱的降临必有异兆，在山水秀美之地或风花雪月之时，锅碗瓢盆、刀枪剑戟必定与爱不相关。

还有很多人以为自己不会爱，是缺乏技巧，以为爱是如烹调书和美容术一样，可以列出甲乙丙丁分类传授的手艺，以为只要记住在某种场合施爱的程序和技巧，比如何时献花、何时牵手，自己在爱的修行上就会有一个本质性的转变和决定性的提高。风行的各类男人女人、少男少女的杂志上，不时地刊登各种爱的小窍门、小把戏，以供相信这一理论的读者牛刀小试。至于尝试的结果，从未见过正式的统计资料，也无人控告这些有经验的传授者有欺诈倾向。想来读者多是善意和宽容的，试了不灵，不怪方子，只怪自家不够勤勉。所以，各种秘方层出不穷，成为诸如此类刊物长盛不衰的不二法门。这也从另一个侧面说明，多少人求爱无门，再接再厉，屡败屡试。

爱有没有方法呢？我想，肯定是有的。爱的方法重要不重要呢？我想，一定是重要的。但在爱当中，最重要的不是方法，而是你对于爱的理解和观念。

你郑重地爱，严肃地爱，欢快地爱，思索地爱，轻松地爱，真诚地爱，朴素地爱，永恒地爱，忠诚地爱，坚定地爱，勇敢地爱，机智地爱，沉稳地爱……你就会派生出无数爱的能力、爱的法宝、爱的方法、爱的经验。

爱是一棵大树。方法，是附着在枝干上的蓓蕾。

某年春节，我到江南去看梅花。走了很远的路，爬了许久的山，看到了无边无际的梅树，只是，没有梅花。

天气比往年要冷一些，在通常梅花怒放的日子，枝上只有饱满的花骨朵儿。怎么办呢？只有打道回府了。主人看我失望的样子，突然说，我有一个办法，可以让梅花瞬时开放。

我说，真的吗？你是谁？武则天吗？就算你真的是，如果梅花也学了牡丹，宁死不开，你又怎样呢？

主人笑笑说，用了我这办法，梅花是不能抵挡的。你就等着看它开放吧！

她说着，从枝上折了几朵各色蓓蕾（那时还没有现在这般的环保意识，摘花，罪过），放在手心，用热气暖着哈着，轻轻地揉搓……

奇迹真的在她的掌心缓缓地出现了。每一朵蓓蕾，好似被魔掌点击，竟在严寒中一瓣瓣地绽开，如同少女睡眼一般绽出了如丝的花蕊，舒展着身姿，在风中盛开了。

主人把花递到我手里，说，好好欣赏吧。我边看边惊讶地说，如果有一只巨掌，从空中将这梅林整体温和揉搓，顷刻间就会有花海涌动了啊！

主人说，用这法子可以让花像真的一样开放，但是——

她的“但是”还没有讲完，我已知那后面的转折是什么了。如此短暂的工夫，在我手中蓬开的花朵，就已经合拢、枯萎，那绝美的花姿如电光石火一般，飘然逝去。

怎么谢得这么快？我大惊失色。

因为这些花没有了枝干。没有枝干的花，绝不长久。主人说。

回到正题吧。单纯的爱的技术，就如同那没有枝干的蓓蕾，也许可以在强行的热力和人为的抚弄下开出细碎的小花，但它注定是短命和脆弱的。

我们珍视爱，是看重它的永恒和坚守。对于稍纵即逝的爱，我们只有叹息。

爱在什么时候，都会需要技术的。而且这些技术，会随着历史的进程，发展得更完善和周到。同时，我们无论在什么时候都更看重那技术之下的，深埋在雄厚土壤中的爱的须根。

如果你需要长久的、致密的、坚固的、稳定的爱，你就播种吧，你就学习吧，你就磨炼吧，你就锲而不舍地坚持求索吧，爱必将降临在每一个真诚地寻找它的眸子里。

青虫之爱

我有一位闺中好友，从小怕虫子。不论什么品种的虫子，她都怕。披着蓑衣般茸毛的洋辣子，不害羞地裸体的吊死鬼，她一视同仁地怕。甚至连雨后的蚯蚓，她也怕。放学的时候，如果恰好刚停了小雨，她就会闭了眼睛，让我牵着她的手，慢慢地在黑镜似的柏油路上走。我说，迈大步！她就乖乖地跨出很远，几乎成了体操动作上的“劈叉”，以成功地躲避正蜿蜒于马路的软体动物。在这一瞬间，我可以感受到她的手指如青蛙腿般弹跳，不但冰凉，还有密集的颤抖。

大家不止一次地想法治她这毛病，那么大的人了，看到一条小小毛虫，哭天抢地的，多丢人哪！早春，男生把飘落的杨花坠儿偷偷地夹在她的书页里。待她走进教室，我们都屏气等着那心惊肉跳的一喊，不料什么声响也未曾听到，她翻开书，眼皮一翻，身子一软，就悄无声息地瘫到桌子底下了。

从此再不敢锻炼她。许多年过去，各自都成了家，有了孩子。一天，她到我家中做客，我下厨，她在一旁帮忙。我摘青椒的时候，突然从蒂旁钻出一条青虫，胖如蚕豆，背上还长着簇簇黑刺，好一条险恶的虫子。因为事出意外，怕那虫蜇人，我下意识地将半个柿子椒像着了火的手榴弹一样扔出老远。

待柿子椒停止了滚动，我用杀虫剂将那虫子杀死，才想起酷怕虫的女友，心想刚才她一直目不转睛地和我聊着天，这虫子一定是入了她的眼，未曾听到她惊呼，该不是吓得晕厥过去了吧？回头寻她，只见她神态自若地看着我，淡淡地说，一条小虫，何必如此慌张。

我比刚才看到虫子还愕然地说，啊，你居然不怕虫子了？吃了什么抗过敏药？

女友苦笑说，怕还是怕啊，只是我已经能练得面不改色，一般人绝看不出破绽。刚开始的时候，我就盯着一条蚯蚓看，因为我知道它是益虫，感情上接受起来比较顺畅。再说，蚯蚓是绝对不会咬人的，安全性较高……这样慢慢举一反三，现在我无论看到有毛没毛的虫子，都可以把惊恐压制在喉咙里。

我说，为了一条小虫子，下这么大的功夫，真有你的，值得吗？

女友很认真地说，值得啊。你知道我为什么怕虫子吗？

我撇撇嘴说，我又不是你妈，我怎么会知道啊！

女友拍着我的手说，你可算说到点子上了，怕虫就是和我妈有关。我小的时候是不怕虫子的。有一次妈妈听得我在外面哭，急忙跑出去一看，我的手背又红又肿，旁边一条大花毛虫正在缓慢爬走。我妈知道我让虫蜇了，赶紧往我手上抹牙膏，那是老百姓止痒解毒的土法。以后，她只要看到我的身旁有虫子，就大喊大叫地吓唬我……一来二去的，我就成了条件反射，看到虫子，灵魂出窍。

后来如何好的呢？我追问。

依我的医学知识，知道这是将一个刺激反复强化，最后，女友就成了巴甫洛夫教授的案例，每一次看到虫子，就回到童年时代的大恐惧中。世上有形形色色的恐惧症，有的人怕高，有的人怕某种颜色。我曾见过一位女士，怕极了飞机起飞的瞬间，不到万不得已，她是绝不搭乘飞机的。一次实在躲不过，上了飞机，系好安全带后，她骇得脸色刷白，飞机开始滑动，她竟号啕痛哭起来……中国古时的“一朝被蛇咬，十年怕井绳”说的就是这回事。只不过杯弓蛇影的起因，有的人记得，有的人已遗忘在潜意识的晦暗中。在普通人看来是微不足道的小事，对当事人来说是痛苦煎熬，治疗起来十分困难。

女友说，后来有人要给我治，说是用“逐步脱敏”的办法。比如，先让我看虫子的画片，然后再隔着玻璃观察虫子，最后直接注视虫子……

原来你是这样被治好的啊！我恍然大悟道。

嘿！我根本就没用这个法子。我可受不了，别说是看虫子的画片了，有一次到饭店吃饭，上了一罐精致的补品。我一揭开盖儿，看到那漂浮的虫草，当时就把盛汤的小罐摔到地上了……朋友抚着胸口，心有余悸地讲着。

我狐疑地看了看自家的垃圾筒，虫尸横陈，难道刚才女友是别人的胆子附体，才如此泰然自若？

我说，别卖关子了，快告诉我，你是怎样重塑了金身。

女友说，别着急啊，听我慢慢说。有一天，我抱着女儿上公园，那时她刚刚会讲话。我们在林荫路上走着，突然她说，妈妈……头上……有……她说着，把一缕东西从我的发上摘下，托在手里，邀功般地给我看。

我定睛一看，魂飞天外，一条五彩斑斓的虫子，在女儿的小手内，显得狰狞万分。

我第一个反应是像以往一样昏倒，但是我倒不下去，因为我抱着我的孩子。如果我倒了，就会摔坏她，我不但不曾昏过去，而且神志是从没有过的清醒。

第二个反应是想撕肝裂胆地大叫一声。因为你胆了大，对于惊叫在恐惧时的益处可能体会不深。其实能叫出来极好，可以释放高度的紧张。但我立即想到，万万叫不得。我一喊，就会吓坏了我的孩子。于是我硬是把涌到舌尖的惊叫咽了下去，我猜那时我的脖子一定像吃了鸡蛋的蛇一样，鼓起了一个大包。

现在，一条虫子近在咫尺。我的女儿用手指抚摸着它，好像那是一块冷冷的斑斓宝石。我的脑海迅速地搅动着。如果我害怕，把虫子丢在地上，女儿一定从此种下虫子可怕的印象。在她的眼中，妈妈是无所不能、无所畏惧的，如果有什么东西把妈妈吓成了这个样子，那这东西一定是极其可怕的。

我读过一些有关的书籍，知道当年我的妈妈正是用这个办法让我一生对虫子这种幼小的物体骇之入骨。虽然当我长大之后，从理论上知道小小的虫子只要没有毒素，实在不值得大惊小怪，但我的身体不服从我的意志。我的妈妈一方面保护了我，一方面用一种不恰当的方式把一种新的恐惧注入我的心里。如果我大叫大喊，那么这根恐惧的链条就会遗传下去。不行，我要用我的爱将这链条砸断。

我颤巍巍地伸出手，长大之后第一次把一条活的虫子捏在手心，翻过来掉过去地观赏着那虫子，还假装很开心地咧着嘴，因为——女儿正在目不转睛地看着我呢！虫子的体温，比我的手指要高得多，它的皮肤有鳞片，鳞片中有湿润的滑液一丝丝渗出，头顶的茸毛在向不同的方向摆动着，比针尖还小的眼珠机警、怯懦……

女友说着，我在一旁听得毛骨悚然。只有一个对虫子高度敏感的人，才会有如此令人震惊的描述。

女友继续说，那一刻，真比百年还难熬。女儿清澈无瑕的目光笼罩着我，在她面前，我是一个神。我不能有丝毫的退缩，我不能把我病态的恐惧传给她……不知过了多久，我把虫子轻轻地放在了地上。我对女儿说，这是虫子。虫子没什么可怕的。有的虫子有毒，你别用手去摸。不过，大多数虫子是可以摸的……这条虫子，就在地上慢慢地爬远了。女儿还对它扬扬小手，说：“拜……”我抱起女儿，半天都没有走动一步。衣服早已被黏黏的汗浸湿了。

女友说完，好久好久，厨房里寂静无声。

我说，原来你的药，是你的女儿给你的啊。

女友纠正道，我的药，是我给我自己的，那就是对女儿的爱。

爱的回音壁

现今中年以下的夫妻，几乎都是有一个孩子，关爱之心，大概达到了中国有史以来的最高值。家的感情就像个苹果，姐妹兄弟多了，就会分成好几瓣儿。若是千亩一苗，孩子在父母的乾坤里便独步天下了。

在前所未有的爱意中浸泡的孩子，是否感到莫大的幸福？我好奇地问过。孩子们撇嘴说，不，没觉着谁爱我们。

……

我震住了。一个不懂得爱的孩子，就像不会呼吸的鱼，出了家庭的水箱，在干燥的社会上，他不爱人，也不自爱，必将焦渴而死。

可是，你怎样让由你一手哺育长大的孩子懂得什么是爱呢？从他的眼睛接受第一缕光线时，已被无微不至的呵护包围，早已对关照体贴熟视无睹。生物学上有一条规律，当某种物质过于浓烈时，感觉迅速迟钝、麻痹……

寒霜陡降也能使人感悟幸福，比如父母离异或是早逝。但它是灾变的副产品，带着天力人力难违的僵冷。孩子虽然在追忆中明白了什么是被爱，那却是一间正常人家不愿走进的教室。

孩子降生人间，原应一手承接爱的乳汁，一手播洒爱的甘霖，爱是一本收支平衡的账簿。可惜从一开始，成人就间不容发地倾注了所有爱的储备，劈头盖脑砸下，把孩子的一只手塞得太满。全是收入，没有支出，爱沉淀着、淤积着，从神奇化为腐朽，反而让孩子无法感到别人是爱他的。

我又问一群孩子，那你们什么时候感到别人是爱你的呢？

没指望得到像样的回答。一个成人都争执不休的问题，孩子能懂多少？没想到，孩子的答案明朗、坚定。

我爸下班回来，我给他倒了一杯水，因为我刚在幼儿园里学了一首歌，词里说的是给妈妈倒水，可是我妈还没回来呢，我就先给爸爸倒了。我爸只说了一句，好儿子……就流泪了。从那次起，我知道他是爱我的。光头小男孩说。

我给奶奶耳朵上插了一朵花，要是别人，她才不让呢，马上就得揪下来。可那是我插的，她一直戴着，见着人就说，看，这是我孙女打扮我呢……另一个女孩说。

我大大地惊异了，讶然这些事的碎小和孩子们铁的逻辑，更感动于他们谈论里的郑重神气和结论的斩钉截铁。爱与被爱高度简化了、统一了。孩子在被他人需要时，感到了一个幼小生命的意义。成人注视并强调了这种价值，他们就感悟到深深的爱意，在尝试给予的同时，他们懂得了什么是接受。爱是一面辽阔光滑的回音壁，微小的爱意反复回响着、折射着，变成巨大的轰鸣。当付出的爱被隆重地接受并珍藏时，孩子终于强烈地感觉到被爱的尊贵与神圣。

天下的父母，如果你爱孩子，一定让他从力所能及的时候开始爱你和周围的人。这绝非成人的自私，而是为孩子的一世着想的远见。不要抱怨孩子天生无爱，爱与被爱是铁杵成针、百年树人的本领，就像走路一样，需要反复练习，才会健步如飞。

如果把孩子在无边无际的爱里泡得口眼翻白，早早剥夺了他感知爱的能力，育出一个爱的低能儿，即使不算弥天大错，也是成人权力的滥施，或许要遭天谴。

在爱中领略被爱，会有加倍的丰收。孩子渐渐长大，一个爱自己、爱世界、爱人类也爱自然的青年，便喷薄欲出了。

孝心无价

听一位研究古文字的教授讲，“孝”这个字在甲骨文里的写法，是一个少年人牵着一位老人的手慢慢地在走。“孝”字从右上到左下那长长的一撇，便是老人飘扬的胡须……

不知这说法是否为史学家定论，是否无懈可击，但它以一种恒远的温馨，包含着淡淡的苦楚沉淀我心，感到一种人类对自身生命的感怀，一种更为年轻的个体对即将逝去的年华无微不至的关顾与挽留。

“孝”是东方文化灿烂的遗产，但在我们这个国度里，身份很有几分可疑。和它比肩的“忠”的地位，则要光辉、伟大得多。国家、民族、政党、军队……都是需要“忠”的，而在“忠孝不能两全”这句话的阴影下，“孝”好像成了“忠”的对立面，两者冰炭不相容。

和“忠”比起来，“孝”的范围似乎比较窄。前者面对的是众人，后者大约只包含自己的家人。回顾中国的近代史，国家民族奋战的艰难历程，在浸透血与火的车辙里，难得有“孝”的位置。先驱的革命者，从域外窃得种子，带回这块苦难的大地。他们是有知识的年轻人，之所以曾受到良好的教育享有文化，多半和富裕的家境不可分，但他们义无反顾地向父辈的剥削阵营开火了。在黑暗的日子里，他们一定经历了心灵的分裂与决斗，最终决定背叛自己的阶级。于是在漫长的革命生涯中，他们缄口，不再谈“孝”。

参加革命的穷苦人，投了红军，当了八路，上了战场……他们走了，永不回头，但他们的父母留在饥寒交迫之中，饱受欺凌压迫，许多人被敌人残忍地杀害了。革命者不会后悔自己的选择，只有战斗才有胜利，这是唯一正确的道路。但我相信生者在每年中秋仰望圆圆的明月，低下头都会黯然神伤。尽管有无数的理由，尽管责任完全不在个人，但在潜意识里，他们永不为自己辩解，苛刻地认定自己不孝。于是，他们也拒不谈“孝”。随着新中国成长起来的这一代人，在他们风华正茂的时候，开始了“文化大革命”。几乎每一个人都向自己的父母造过反。在青春勃发期关心国家大事的同时，意外地从家里找到了火山的爆发口，以自己的父母为第一目标，那时曾多么兴高采烈，遗下的却是永久的悔恨。待到狂潮退去，知识青年上山下乡，凄凉地告别父母，远赴边陲，有的是身不由己的流放感，再没了丝毫选择的余地。即使有谁想到“父母在，不远游”，在那样的日子里，几乎也相当于一句反动口号了。

后来他们返城，没有地方住，龟缩在父母的小屋，给已经年迈的父母更添一份烦乱。不要说尽孝了，还要垂垂老矣的父母为自家操心不已。薪水低，需要父母补贴。没有房子住，和父母挤在一起。无人做饭，父母就是当然的炊事员。孩子无人照管，父母就是最好的保姆……多少次悄悄接过父母接济的银钱，理智上惭愧，手心却跃跃欲试地潮湿。太多的贫困，吞噬掉了儿女的自尊心，如果我们注定得接受馈赠，还是接受来自父母的施舍吧。在我们的内心深处，尚潜伏着一个善良坚定的愿望，爸爸妈妈，终有一天，一切都会好起来，我会将你们付给我的爱加倍地偿还，让我们一道期待那一天吧。

现在天下太平，人间和睦，世道安宁，人们大胆地可以言孝了。“孝”里当然有糟粕，有可笑以至可恨的迂腐气息，但其合理的内核值得我们长久咀嚼。

我不喜欢一个苦孩求学的故事。家庭十分困难，父亲逝去，弟妹嗷嗷待哺，可他大学毕业后还要坚持读研究生，母亲只有去卖血……我以为那是一个自私的学子。求学的路很漫长，一生一世的事业，何必太在意几年蹉跎？况且这时间的分分秒秒都苦涩无比，须用母亲的鲜血灌溉！一个连母亲都无法挚爱的人，还能指望他会爱谁？把自己的利益放在至高无上的位置的人，怎能成为为人类献身的大师?

我也不喜欢父母重病在床仍断然离去的游子，无论你有多少理由。地球离了谁都照样转动，不必将个人力量夸大到不可思议的程度。在一位老人行将就木的时候，将他对人世间最后的期冀斩断，以绝望之心在寂寞中远行，那是对生命的大不敬。

我相信每一个赤诚忠厚的孩子都曾在心底向父母许下“孝”的宏愿，相信来日方长，相信水到渠成，相信自己必有功成名就、衣锦还乡的那一天，可以从容尽孝。

可惜人们忘了，忘了时间的残酷，忘了人生的短暂，忘了世上有永远无法报答的恩情，忘了生命本身有不堪一击的脆弱。

父母走了，带着对我们深深的挂念。父母走了，遗留给我们永无偿还的心债。你就永远无以言孝。

有些事情，当我们年轻的时候，无法懂得，当我们懂得的时候，已不再年轻。世上有些东西可以弥补，有些东西永无弥补。

“孝”是稍纵即逝的眷恋，“孝”是无法重现的幸福。“孝”是一失足成千古恨的往事，“孝”是生命与生命交接处的链条，一旦断裂，永无连接。

赶快为你的父母尽一份孝心，也许是一处豪宅，也许是一片砖瓦；也许是大洋彼岸的一只鸿雁，也许是近在咫尺的一个口信；也许是一顶纯黑的博士帽，也许是作业簿上的一个红五分；也许是一桌山珍海味，也许是一只野果、一朵小花；也许是花团锦簇的盛世华衣，也许是一双洁净的旧鞋；也许是数以亿万计的金钱，也许只是含着体温的一枚硬币……

在“孝”的天平上，它们等值。

只是，天下的儿女们，一定要抓紧啊！趁你父母健在的光阴。

平安扣

女友送我一只翡翠平安扣，红丝绳系着。它碧绿地沉重地坠在我的胸口，澄清中透出云雾状的“棉”，水色迷蒙。扣的正中心有一个完整的孔，仿佛一支竹箫横断。清洌的空气在扣中穿行，染出一缕青黛。

我问友人，它是真的翡翠吗？

友人说，只是经过化学处理的石头而已。

我把平安扣摘下来说，既然是假的，那还有什么意思呢？我看，这平安扣倒很像一枚铜钱。

朋友抚摸着平安扣说，它和铜钱实在是大不相同。铜钱外圆内方，上书“××通宝”的字样，内芯尖锐刻板，实在是锱铢必较之相。平安扣不着一字，外圈是圆的，象征着辽阔天地混沌无限。内圈也是圆的，祈愿我们内心的平宁安远。在它微小的空间里，蕴含了整个壮丽的大自然。它昭示当你的心与天地一致时，便有了伟大的包容与协调，锁定了你的平安。

我叹了口气说，讲得虽好，但世事维艰，我们脆弱的心，在历经沧桑之后，怎样才能清风朗月圆润如初？

友人陪着我叹气说，是啊！没人能承诺我们一生永远晴天，没人能预知草莽中潜藏着毒蛇，没人能勾勒出命运的风刀霜剑，没人能掐算出何时将至大限……从这个意义上讲，纵用尽天下翡翠，打凿出如泰山那般大的一枚巨型平安扣，悬挂在星辰间，也是没有丝毫用处的。然而，外界虽不能把握，内心却可以调适。任你弱水三千，我自谈笑风生，谁又能奈何我们呢？你我也许不知道，命运将在哪一个急转弯处踉跄跌倒，但我们确知，即使匍匐在地，也依然强韧地准备着爬起……

我把石头雕成的平安扣重又挂在颈上。

友人说，送你的翡翠是假，平安的祝福是真。每个人，都是自己的平安扣啊！

友谊这棵树上的果子

现代人的友谊，很坚固又很脆弱。它是人间的宝藏，我们须珍爱。友谊的不可传递性，决定了它是一部孤本的书。我们可以和不同的人有不同的友谊，但我们不会和同一个人有不同的友谊。友谊是一条越掘越深的巷道，没有回头路可以走，刻骨铭心的友谊也如仇恨一样，没齿难忘。

友情这棵树上只结一个果子，叫作信任。红苹果只留给灌溉果树的人品尝。别的人摘下来尝一口，很可能酸倒了牙。

友谊之链不可继承，不可转让，不可贴上封条保存起来而不腐烂，不可冷冻在冰箱里永远新鲜。

友谊需要滋养。有的人用钱，有的人用汗，还有的人用血。友谊是很贪婪的，绝不会满足于餐风饮露。友谊是最简朴同时也是最奢侈的营养，需要用时间去灌溉。友谊必须述说，友谊必须倾听，友谊必须交谈的时刻双目凝视，友谊必须倾听的时分全神贯注。友谊有的时候是那样脆弱，一句不经意的言辞，就会使大厦顷刻倒塌。友谊有的时候是那样容易变质，一个未经证实的传言就会让整盆牛奶变酸。这个世界日新月异。在什么都是越现代越好的年代里，唯有友谊，人们保持着古老的准则：朋友就像文物，越老越珍贵。

礼物分两种，一种是实用的，一种是象征性的。

我喜欢送实用的礼物。

不单是因为它可为朋友提供立等可取的服务功能，更因为我的利己考虑。

此刻我们是朋友，十年以后不一定是朋友。

就算你耿耿忠心，对方也许早已淡忘。

速朽的礼物，既表达了我此时此刻的善意，又给予朋友可果腹、可悦目、可哈哈一笑或是凝神端详的价值，虽是一次性的，也留下美好的瞬间，我心足矣。象征久远意义的礼物，若是人家不珍惜这份友谊了，留着就是尴尬，或丢或毁，都是物件的悲哀，我的心在远处也会颤抖。

若是给自己的礼物，还是具有象征意义的好。比如，一块石头、一片树叶，在别人眼里那样普通，其中的美妙含义只有自己知晓。

电话簿是一只储存朋友的魔盒，假如我遇到困难，就要向他们发出求救信号。一种畏惧孤独的潜意识，像冬眠的虫子蛰伏在心灵的旮旯。人生一世，消失的是岁月，收获的是朋友。虽然我有时会几天不同任何朋友联络，但我知道自己牢牢地黏附于友谊网络之中。

利害关系这件事，实在是交友的大敌。我不相信有永久的利益，我更珍视患难与共的友谊。长留史册的，不是锱铢必较的利益，而是肝胆相照的情分，和朋友坦诚地交往，会使我们留存对真情的敏感，会使我的眼睛抹去云翳，心境重新开朗。

速递喜糖

来访者是两个人，一男一女，三十多岁的年纪，衣着整洁，面容平和。一般人如果有了浓重的心事，脸上是挂相的，但这两个人，看不透。第一眼我都不知道到底是谁发生了问题。

我说，你们到我这里来，有什么需要讨论的？

穿一身笔挺西服的男子说，我是大学的副教授。

端庄女子说，我是他的未婚妻。

我现在明白了他们之间的关系，可还是搞不清到底出了什么事。我看着他们，希望得到更进一步的说明。

女子满脸微笑地说，我们就要结婚了。

难道是要来做婚前辅导的吗？男子不愧是给人答疑解惑的老师，看出了我的迷惘，说，我们很幸福……

我越发摸不到头脑了。一般来说，特别幸福的人，是不会来见心理咨询师的。这就像特别健康的人，不会去看医生。

女子有些不满地说，我们并不像外人看到的那样幸福。的确，我们是在商量结婚，但是如果他的问题不解决，我就不会和他结婚，这就是我督促他来看心理医生的原因。现在，我们到底能不能结成婚，就看在你这里的疗效了。

我还是第一次碰到这样棘手的问题——一对男女，到底结得成婚还是结不成婚，全都维系于心理医生一身，这也太千钧一发了吧？我说，我会尽力帮助你们。但是，首先让我们搞清楚到底出了什么问题。

副教授推了推眼镜，对未婚妻说，我觉得这不是个问题，是你非要说这是个问题。那么，好吧，就由你来回答。

女子愤愤不平地说，这当然是个问题了。要不，我们问问心理医生，看到底算不算个问题！

于是，他们两个眼巴巴地看着我。我是真让他们搞糊涂了。我被他们推为裁判，可截至目前，我还根本不知道进行的是何种赛事！

我说，你们俩先不要急。请问，这个问题，到底是谁的问题？

女子斩钉截铁地说，是他的问题。

男子说，我不觉得是个问题。

女子着急起来，说，你每个月都把自己的工资花得精光，博士毕业后工作八年了，拢共连一万块钱都没攒下来，你说这是不是个问题呢?

我还是有点儿摸不着头脑。并不是每个博士都很富有，如果他的钱用到了其他地方，比如研究或是慈善，没有攒下一万块钱，似乎也不是非常大的问题。

男子说，你说过并不计较钱，我也不是个花花公子。每一笔钱都有发票为证，并没有丝毫浪费。这怎么就成问题了?

女子说，这当然是问题了。你是强迫症。

男子说，关于强迫症，书上是这样描述的——强迫症是指以强迫症状为主要临床表现的神经症。患者知道强迫症状是异常的，但无法控制、无法摆脱。临床上常表现为强迫观念、强迫意向、强迫行为。如强迫计数，即不由自主地计数。强迫洗手，即因怕脏、怕细菌而不断反复地洗手。强迫仪式动作，即以一种特殊的动作程序仪式性地完成某些行为……要知道，我没有犯其中任何一条。副教授滔滔不绝。

在心理诊室常常会碰到这种大掉书袋的来访者，他们的确是看了很多书，但还是对自己的问题不甚了了。

我说，我不知道自己理解得对不对：未婚妻觉得自己的未婚夫是强迫症，但是，未婚夫觉得自己不是。是这样吗?

两个人异口同声说，是的。

我说，你们谁能比较详细地说一说到底是什么症状。

女子说，我和他是大学同学，那时候，他好像没有这种毛病。中间有几年音讯全无，大家都忙。最近同学聚会又联络上了，彼此都有好感，现在到了谈婚论嫁的关头。我当然要详尽地了解他的经济基础怎样了。我不是一个见钱眼开的女人，但要和一个人过一辈子，他的存钱方式、花钱方式，也是我必须明了和接受的现实状况。没想到，他说自己几乎没有一分钱存款。我刚才说不到一万块钱，还是给他留了面子。我们都在高校里当老师，谁能拿到多少薪酬，大致是有数的。我知道他父母都过世了，也没有兄弟姐妹，这样就几乎没有额外花钱的地方。而且，他不抽烟不喝酒，连这种花销也节省下了。那么，钱到哪里去了？我设想了几种可能，要么是他资助了若干个乡下孩子读书。如果是这样，结婚以后，就还要把这个善举坚持下去，不能虎头蛇尾，只是规模要适当缩小。要不他就是在暗地里赌博，把钱都葬进去了。我再想不出第三种可能性了。我问他，他说，关于希望工程那方面，他还没有那么高尚，只是在单位捐款的时候出过一些钱，并没有长期的大规模资助活动。关于赌博，他说自己没有那样邪恶，谦谦君子洁身自爱，要我相信他。我说，这也不是，那也不是，钱到哪里去了？他淡淡地回答，钱都请客了。我说，你也不是开公司的，也不是公关先生，为什么要老请客呢？他说，他也不知道，就是喜欢大伙儿热热闹闹地在一起吃饭。我说，吃就吃呗，轮流坐庄。他说，没有什么轮流坐庄，也没有AA制，凡是有他出席的饭局，一概都是他埋单。这样日积月累下来，就不是一个小数目，几乎把他的家底都耗费光了……

总算理出了一点儿头绪。我问副教授，是这样的吗？

副教授说，完全正确。这些年来，我是一个酷爱请客的人。不管是同学同事，还是朋友助手，甚至是萍水相逢的人，只要是到了饭点，我就不由自主地想请人吃饭。还不能凑合，不能到街边的大排档或是小店一碗面几个小菜就打发了，一定要到像模像样的馆子，正儿八经地坐下，铺上餐巾，倒上茶水，大张旗鼓地进餐……而且，一定要由我来结账。如果不是我结账，我会非常痛苦不安，觉得自己对不起人，没有尽到职责。您想想，现在吃饭也两极分化了，稍微上点儿档次的馆子，笑眯眯地宰你没商量。所以在这方面的花销积累起来，就不是一个小数字。特别是近年来水涨船高，我请人吃饭上了瘾，请的人越来越多，饭店的档次越来越高，这样就像一个无底洞，每月发的工资，加上我的稿费，还有补助费什么的，就一股脑儿地投入里面。以前是我一个人过，说不上是钻石王老五，也能算个玻璃王老五。经济上实在紧张了，就忍痛少请两顿，以不欠外债为底线。现在打算成家，未婚妻对我的这个爱好深恶痛绝，让我有所节制。可是，我改不了。只要是大家在一起吃饭，我就要埋单。如果谁不让我埋单，我就要跟他急，觉得这是对我的权利的剥夺……未婚妻说我是强迫症，要我看心理医生，说要是不医好这个毛病，就不跟我结婚了。您说这如何是好？

我恍然大悟。说真的，做心理医生也算阅人无数，以这种症状求助的，还真是头一份。开个玩笑：当时第一个反应就是——如果我身边有这样一个同事就好了，吃饭的时候就有饭辙了。

闲话少叙，面对来访者，不能有丝毫走神。我说，咱们先不说这是个什么症，不扣帽子。我们来确认一下——每月请人吃饭到了两袖清风的程度，这是不是一个问题？

女子跳起来，说，这当然是一个问题了。

男子执拗地说，我觉得这不算问题。

我一直想和这个男子单独谈谈，但贸然地让未婚妻离场，对大家都不好。于是心生一计，对女子说，既然你觉得是问题，他觉得自己没有问题，那就请他走，咱们两个单独谈谈，你看如何？

女子大叫冤屈，说，我又没有问题，咱俩谈，有什么用？钱包在他手里，每个月把钱花得一干二净的也是他，当然应该是他和您单独谈了。

我说，好啊。那我就和他单独谈谈，请您到外面等一下。

女子离开了。当房内只剩下我和副教授的时候，我对他说，现在，我希望您非常认真地回答我的问题。这就是——一个成年男子，每个月都把自己的薪酬花光了请人吃饭，变得无法控制，婚姻又面临危机……你觉得这是一个问题吗？如果你觉得这是个问题，咱们就向下讨论。如果你觉得这不是个问题，我会尊重你的意见，送你们离开，你已经交付的费用会退还给你。天下没有人会去帮别人解决一个子虚乌有的问题。

说这些话，自己都觉得有点儿像绕口令，之后就是耐心等待。副教授愣了片刻，思忖着说，如果我一个人过下去，我就不觉得是个问题……但是，我现在要结婚了，这就是一个问题。因为婚姻是两个人的事情，还有经济压力……

承认这是一个问题，事情就有了曙光。在现实生活中，很多我们判断出有复杂问题的人，自己却浑然不觉，心理医生也只有尊重他们的选择，听之任之。毕竟这是助人自助的事业，如果本人不奋起变法，所有的外力都丧失了支点。

我说，你想改变吗？如果你不想改变，你可以保持原先的做法。若你愿意改变，咱们就继续向下进行。所有的改变都会带来痛苦和不安，如果你没有做好准备，不妨好好思考后再做决定。

我并不打算用这些话激他，而是实事求是。不想副教授在未婚妻走出去以后，仿佛换了一个人，急切地说，我愿意改变，不单单是为了婚事。一个人挣了钱，却总是在迷迷糊糊中就一贫如洗了，到了真正需要做研究、买书或旅游、买房子、买汽车的时候，身无分文，这让我很苦恼。说实话，我也用了书上写的治疗强迫症的方法，比如在自己的手腕上缠橡皮筋，一有了想请客的冲动，就拉紧橡皮筋，让那种弹射的疼痛提醒自己……但是，没有用。橡皮筋扯坏了多少根，把皮肤都绷肿了，可我还是一边忍着痛苦一边请客……副教授苦恼地看着自己的手腕，我看到那里有一圈暗色的痕迹，看来真是受了皮肉之苦。

我说，你的意思是说自己明知故犯？

副教授说，对。我是明知故犯。

我说，那你在这种请客的过程中，一定感到很快乐？

副教授说，你猜得很对，我就是感觉到快乐，非常快乐。如果不是快乐，我何能乐此不疲！

我说，最让你快乐的是什么时候？是哪一个瞬间？

副教授说，最让我快乐的是，大家团团圆圆地围坐在一张大餐桌前，有说有笑地进餐，杯觥交错狼吞虎咽，欢歌笑语，其乐无穷。

我说，谢谢你这样坦诚地告诉我。不然，我还以为最让你快乐的瞬间是掏出皮夹子，一扬手几百上千地埋单，十分豪爽。大家都觉得你是“及时雨”宋江一样的好汉，专门接济天下弟兄。

我佯作困惑。副教授说，您这样想就大错特错了。把钱花光，不过是个表象，给人留下慷慨大方的印象，并非我的初衷。我喜爱的只是那种阖家欢乐的氛围。您知道，我的父母都不在了，也没有兄弟姐妹，所以，我所渴望的那种氛围，在通常的情况下，和我擦肩而过。大家都很忙，没有人陪着我玩，我只有自己用钱来买欢乐时光。这就是我花钱的动机。

哦，哦，是这样。我已经初步理清了脉络，原来花钱如水只为掩盖孤独，原来聚啸餐馆只为千金买乐。还要继续挖下去。

我说，为什么阖家欢乐对你如此重要？

不想，这个问题让面容持重的副教授热泪盈眶。他说，我从小就在一个革命家庭里长大，父亲母亲永远把革命看得比我重要。在我的记忆里，他们没有为我过过一次生日，也从来没有带我去过公园。甚至逢年过节的时候，我也极少在家吃饭，永远都是脖子上挂着钥匙，到大院的食堂包伙。晚上一个人睡下，因为害怕，我把家里所有的灯都打开，困得实在受不了，才迷迷糊糊地睡去。后来爸爸对我说，灯火通明太浪费电了，从此我就在黑暗中闭眼，觉得仿佛沉没到大西洋底下了。我把全家人能在一起吃顿饭看作最大的幸福。父母都在原子基地工作，后来又几乎在同一时间得了恶性肿瘤，英年早逝。他们以生命殉了所热爱的事业，却给我留下无尽的伤痛。等我念完博士之后，回顾四望，孑然一身。在这个世界上，再也没有人能够分享我的快乐与哀愁，也没有人能弥补我内心深深的遗憾和后悔。我甚至都不知道自己后悔什么，我不能改变我的父母，我也不能再做什么了，唯一可以寄托愿望的就是请一帮朋友吃吃喝喝。我知道这里面并没有多少可以肝胆相照的人，但我如痴如醉地喜欢那种其乐融融的气氛，让我恍惚回望到了童年的梦想……

不知何时，副教授已泪流满面。

我把纸巾盒推给他。他把一沓纸巾铺在脸上，纸巾立刻就湿透了。

许久，我说，其实你是在用金钱完成自己的一个愿望。

副教授说，是。

我说，你完成了吗？

副教授说，没有。当我这样做了之后，得到了暂时的满足。但曲终人散之后，是更深的孤独。我期冀下一次的欢聚，但也深深知道，之后就是更深刻的寂寞。我好像进入了一个怪圈。如果不请人吃饭，我很难受。如果请人吃了饭，我更难受。

我说，看来请人吃饭这件事并不是救赎你的好方法。且不论你是否有足够的财力支撑这种宾客大宴，也不论人家是不是都会来捧场，起码你没有从这种方式之中获得解脱。

副教授说，正是这样。

我说，如果你有一天再去祭奠你的父母，请在他们的墓前，表达像我这样的普通中国人对他们的怀念和对他们所做的牺牲的敬意。

副教授点点头说，他们为了祖国的强盛，贡献出了自己的生命。

我说，不仅仅是这样。包括你——他们的孩子，直到今天所承受的这种痛苦，也是他们所做出的牺牲。那个时代的人，忽略了对儿女的亲情，让你在一个很少有爱意流露的空间里长大。直到今天，你还在追索这种温暖的家庭氛围。我想，这既有那个时代的必然，也有你父母对你的忽略。这一切，都无法改变。如果你还心存怨怼，你可以到父母的墓前诉说，我相信他们愿意用一切来弥补对你的爱，只是这已不能用通常的方式让你感知。然后，我建议你把这一切都告知你的未婚妻，让她更深入地了解你。这不是你的失控，而是有更深在的心结。当这一切都完成之后，我觉得你还可以把事情的原委告诉你那一批常常聚餐的朋友，我相信他们也愿意和你一起分担改变。至于具体的请客频率，你也不必一下子对自己要求太高，可以循序渐进。你给自己定一个计划，一点点地减少用于会餐的费用。你看如何？

副教授很认真地想了很久，说，我看可行。

大约半年以后，我接到了副教授的电话，说，我请你吃饭。

我说，谢谢你。谁付费啊？

副教授说，当然是我。

我说，我不去吃。

副教授说，这一顿饭，你一定要吃。这是我的婚礼。

我说，恭喜你们。只是，心理医生不能和来访者有宴请这类的私下关系。我只能在远处祝福你们。

副教授说，我已经提前完成了压缩请客开支的计划，现在基本正常了。

我说，从你结婚这件事中，我猜你已皆大欢喜。

过了几天，我收到了一包速递来的喜糖。没有喜帖，也没有名字，但我知道它们来自哪里。

成千上万的丈夫

有成千上万的男人，可以成为我们的丈夫。

这句话，从一位当律师的女友嘴中一字一顿地吐出时，坐在对面的我，几乎从椅子滑到地上。

别那么大惊小怪的，这话也可以反过来对男人说，有成千上万的女人，可以成为你们的妻子。你知道我不是指人尽可夫的意思，教养和职业，都使我不会说出这类傻话，我是针对文学家常常在作品中鼓吹的那种“唯一”，才这样标新立异。女友侃侃而谈。

没有唯一，唯一是骗人的，你往周围看看，什么是唯一？太阳吗？宇宙有无数个太阳，比它大的、比它亮的，恒河沙数。钻石吗？也许有一天我们会飞到一颗由钻石组成的星球，连旱冰场都是用钻石铺成的。那种清澈透明的石块，原子结构很简单，更容易复制了。指纹吗？指纹也有相同的，虽说从理论上讲，几十亿上百亿人当中才有这种可能性，好在我们找丈夫不是找罪犯，不必如此精确。世上的很多事情，过度精确，必然有害，伴侣基本是一个模糊的数学问题，该马虎的时候一定要马虎。

有一句名言很害人，叫作“每一片绿叶都不相同”。我相信在科学家的电子显微镜下，叶子间会有大区别，楚河汉界，但在一般人眼中，它们的确很相似，非要把基本相同的事物看得不相同，是神经过敏故弄玄虚。在森林里，如果带上显微镜片，去看高大的乔木，除了满眼惨绿，头晕目眩，无法掌握树林的全貌，只得无功而返，也许还会迷失方向，连回家的路都找不到了。

婚姻是一般人的普通问题，不要人为地把它搞复杂。合适做你丈夫的人，绝非前无古人、后无来者的异数，就像我们是早已存在的普通人，那些普通的男人，也已安稳地在地球上生活很多年了。我们不单单是一个人，更是一种类型，就像喜欢吃饺子的人，多半也热爱包子和馅儿饼。大豆和蓖麻天生和平共处，玫瑰和百合种在一处，每处都花朵繁茂，枝叶青翠。但甘蓝和芹菜相克，彼此势不两立，丁香和水仙更是水火不相容，郁金香干脆会置勿忘草于死地……如果你是玫瑰，只要清醒地、坚定地寻找到百合种属中的一朵，你就基本获得了幸福。

当然了，某一类人的绝对数目虽然不少，但地球很大，人又都在走来走去，我们要在特定的时间遭遇到特定的适宜伴侣，也并不是太乐观的事。

相信唯一，你就注定在茫茫人海东跌西撞寻寻觅觅，如同一叶扁舟想捕获一条不知道潜在何处的鳟鱼，等待你的是无数焦渴的黎明和失眠的月夜。

抱着拥有唯一的愿望不放，常常使女人生出组装男友和丈夫的念头，相貌是非常重要的筹码，自然列在前茅，再加上这一个学历高，那个家庭好，另一个脾气温柔，还一个事业有成……女人恨不能将男人分解，剁下各自最优异的部分，由女人纤纤素手用以上零件黏合成一个完美的新男人，该是多么美妙！

只可惜宇宙浩茫，到哪里寻找这胶水！

这种表面美好的幻想核心，是一团虚妄的灰雾在作祟，婚姻中自然天成的唯一佳侣，几乎是不存在的。许多婚礼上，我们以为天造地设的婚姻，夭折得如同闪电。真正的金婚银婚，多是历久弥新的磨合与默契。

女人不要把一生的幸福寄托在婚前对男性千锤百炼的挑拣中，以为选择就是一切，对了就万事大吉，错了就一败涂地，选择只是一次决定的机会，当然对了比错了好。但正确的选择只是良好的开端，即使航向对头，我们依然也会遭遇风暴，淡水没了，船橹漂走，风帆折了……种种危难如同暗礁，潜伏航道，随时可能颠覆小船，选择错了，不过是输了第一局，开局不利，当然令人懊恼。然而赛季还长，你可整装待发，蓄势来看，只要赢得最终胜利，终是好棋手。

在我们人生旅途中，不得不常常进入出售败绩的商场，那里不由分说地把用华丽外衣包装的痛苦强售给我们。这沉重惨痛的包袱，使人沮丧，于是出了店门，很多人动用遗忘之手，以最快的速度把痛苦丢弃了，这是情绪的自我保护，无可厚非，但很可怜，买椟还珠，得不偿失，付出的是生命的金币，收获的只是垃圾。如果我们能够忍受住心灵的煎熬，细致地打开一层层包装，就会在痛苦的核心里找到失败追击赠送的珍贵礼品——千金难买的经验和感悟。

如果执着地相信唯一，在苦苦寻找之后一无所获，或得而复失，懊恼不已，你就拿到了一本储蓄痛苦的零存整取存单，随时都有些进账可以添到收入一栏里记载了。当它积攒到一笔相当大的数目时，在某个枯寂的晚上，一股脑儿提出来，或许可以置你于死地。

即使选择非常幸运地与唯一靠得很近，也不可放任自流，唯一不是终生的平安保险单，而是需要养护、需要滋润、需要施肥、需要精心呵护的鲜活生物，没有比婚姻这种小动物更需要营养和清洁的维生素了。就像没有永远的敌人一样，也没有永远的爱人。爱人每一天都随新的太阳一同升起，越是情调丰富的爱情，越是易馊，好比鲜美的肉汤如果不天天烧开，便很快滋生杂菌以致腐败。

不要相信唯一，世上没有唯一的行当，只要勤劳敬业，有千千万万的职业适宜我们经营；世上没有唯一的恩人，只要善待他人，就有温暖的手在危难时接应；世上没有唯一的机遇，只要做好准备，希望就会顽强地闪光；世上没有唯一只能成为你的妻子或丈夫的人，只要有自知之明，找到适宜你的类型，天长日久真诚相爱，就会体验相伴的幸福。

女友讲完了，沉思袅袅地笼罩着我们。

我说，你的很多话让我茅塞顿开，但是……

但是……什么呢？直说好了，女友是个爽快人。

我说，是否因为工作和爱人都不是你的唯一，所以你才这般决绝？不管你怎么说，我依然相信世界上存在唯一，这种概率，如同玉石，并不能因为我们自己不曾拥有，就否认它的宝贵。

女友笑了，说，这种概率若是稀少到近乎零的地步，我们何必抓住苦苦不放？世上有多少婚姻的苦难，是因追求缥缈的唯一而发生的啊！对我们普通的男人和女人来说，抵制唯一，也许是通往快乐的小径。

非血之爱

爱，有无数种分类法。我以为最简明的是——以血为界。

一种是血缘之爱，比如母亲之爱亲子，儿子之爱父亲，扩展至子孙爱姥姥姥爷、爷爷奶奶，亲属爱表兄表弟、堂姐堂妹……甚至爱先人、爱祖宗，都属于这个范畴。

还有一种爱在血外，姑且称为——非血之爱，比如爱朋友、爱长官、爱下属、爱动物……最典型的是爱自己的配偶。

血缘之爱是无法选择的，你可以不爱，却不可能把某个成员从这条红链中剜除。一脉血缘在你诞生之前许久，已经苍老地盘绕在那里，贯穿悠悠岁月。血缘之爱既至高无上，又无与伦比的沉重，也充满天然的机缘和命定的随意。它的基础十分简单，一种名叫“基因”的小密码，按照数学的规律递减着、稀释着、组合着、叠加着，遂成为世界上最神圣、最博大的爱的基石。

非血之爱则要奇诡神秘得多。你我原本河海隔绝，天各一方，在某一个瞬间突然结为一体，从此生死相依，难道不是人世间最司空见惯又最不可思议的偶然吗？无数神鬼莫测的巧合混杂其中，爱与恨泥沙俱下，无以澄清。激情在其中孕育，伟大与卑微交织错落。精神与人格，在血之外的湖泊中遨游，搅起滔天雪浪，演出无数悲欢离合的故事……爱恋的光谱，比最复杂的银河外星系轨道还难以预料。

血缘之爱使我们感知人间最初的温暖与光明，督我们成长，教我们成人。它是孤独人生与大千世界的脐带，攀缘它，我们一步步长大，最终挣脱它的羁绊，投入非血之爱，然后我们又回归，开始血缘之爱新的轮回。

血缘之爱是水天一色的淳厚绵长，非血之爱更多一见钟情的碰撞和百转千回的激荡。

血缘之爱有红色缆绳指引，有惊无险，经历误会挫折，多能化险为夷，曲径通幽。非血之爱全凭暗中摸索，更须心灵与胆魄相照，在苍茫荒原中，辟出人生携手共进的小径。非血之爱，使每个人思考与成长，比之循规蹈矩的血缘，更考验一个人的心智。

爱一个和你有血缘关系的人，是一种本能、一种幸福、一种责任、一种对天地造化的缠绵呼应。

爱一个和你没有血缘关系的人，是一种需要、一种渴望、一种智慧、一种对美与永恒的无倦追索。

我们的一生，屡屡在血与非血的爱中沐浴，因此成长。

柳枝骨折

学医时，教授拿一根柳枝进教室。嫩绿的枝条上，萌着鹅黄的叶，好似凤眼初醒的样子。严谨的先生啪地折断了柳枝，断茬儿锐利，只留青皮褴褛地连缀着，溅出一堂苦苦的气息。教授说，今天我们讲人体的“柳枝骨折”。说的是此刻骨虽断，却还和整体有着千丝万缕的联系。医生的职责，就是把断骨接起来，需要格外的冷静、格外的耐心……

多年后，偶到大兴安岭。苍茫林海中，老猎人告诉我，如果迷了路，就去找柳树。

我问，为什么？他说，春天柳树最先绿，秋天它最后黄。有柳树的地方必有活水，水往山外流，你跟着它，就会找到家。

一位女友向我哭诉她的不幸，说，家该纯洁，家该祥和。眼前这一切都濒临崩塌，她想快刀斩乱麻，可孩子还小……

我知她家并非恩断义绝，就讲起了柳枝骨折。植物都可凭着生命的本能愈合惨痛的伤口，我们也可更顽强更细致地尝试修补破损的家。

女友迟疑地说，现代的东西，不破都要扔，连筷子都变成一次性的……何况当初海誓山盟、如今千疮百孔的家！

我说，家是活的，会得病也会康复。既然高超的仪器会失灵，凌空的火箭会爆炸，精密的计算机会染病毒，蔚蓝的天空会发生厄尔尼诺，婚姻当然也可骨折。

一对男女走入婚姻的时候，就是共同种下了一棵柳树，期待绿荫如盖。他们携手造了一件独一无二的产品——他们的家，需承诺为其保修，期限是整整一生。

柳树生虫。当家遭遇危机的时候，修补是比丢弃更烦琐艰巨的工程。有多少痛苦中的人嫌烦了，索性扔下断了的柳枝，另筑新巢。这当然也是一种选择，如同伤臂截肢。但如果这家中还有孩子，那就如同缕缕连缀的青色柳丝，还须三思而后行！

女友听了，半信半疑道，缝缝补补修复的家还能牢靠吗？

我说，当年的课堂上，我们也曾问过教授，柳枝骨折长好后，当再次遭受重大压力和撞击的时候，会不会在原位裂开，鲜血横流？

教授微笑着回答，樵夫上山砍柴，都知道斧刃最难劈入的树瘤，恰是当年树木折断后愈合的地方。

格子布上的花

好日子和坏日子，是有一定比例的。就是说，你的一生，不可能都是好日子——天天蜜里调油，也不可能都是坏日子——每时每刻黄连拌苦胆。必是好日子坏日子交叉着来，如同一块花格子布。如果算下来，你的好日子多，就如同布面上的红黄色多，亮堂鲜艳。如果你的坏日子多，那就是黑灰色多，阴云密布。

什么是好坏日子的分水岭、试金石呢？钱吗？好像不是。有钱的人不一定承认他过的是好日子。钱少的人或者没钱的人，也不一定感觉他过的是坏日子。健康吗？好像也不是。无痛无灾的人不一定觉得他过的是好日子，罹病残疾的人也不一定承认他过的是坏日子。美丽和能力吗？似乎更不像了。看看周围，有多少漂亮能干的男人女人，锁着眉，苦着脸，抱怨着岁月的难熬啊……说了若干标准，都不是。那么，什么是好日子和坏日子的界限呢？

不知他人的答案如何，我猜，是爱吧？

有爱的日子，也许我们很穷，但每一分钱都能带给我们双倍的快乐。也许我们的身体坏了，每况愈下，但我们牵着相爱的人的手慢慢老去，旅途就不再孤独。也许我们是平凡和微小的，但我们竭尽全力做着喜欢的事，心中便充满温暖安宁。

这是什么呢？这就是好日子了。你的那块花格子布上就绽开了鲜花。

图书在版编目（CIP）数据

你站在金字塔的第几层 / 毕淑敏著. —长沙：湖南文艺出版社，2012.11
ISBN 978-7-5404-5801-0

Ⅰ. ①你… Ⅱ. ①毕… Ⅲ. ①散文集 - 中国 - 当代
Ⅳ. ①I267

中国版本图书馆CIP数据核字（2012）第232532号

上架建议：名家经典|散文

你站在金字塔的第几层

作　　者：毕淑敏
出 版 人：刘清华
总 策 划：谢不周
创意推广：帝瑚文化传播有限公司
责任编辑：丁丽丹　刘诗哲
监　　制：张应娜
特约编辑：丛龙艳
封面设计：耶律阿宝猪
版式设计：共振设计
出版发行：湖南文艺出版社
（长沙市雨花区东二环一段508号　邮编：410014）
网　　址：www.hnwy.net
印　　刷：北京通州皇家印刷厂
经　　销：新华书店
开　　本：880mm × 1230mm　1/32
字　　数：165千字
印　　张：8
版　　次：2012年11月第1版
印　　次：2012年11月第1次印刷
书　　号：ISBN 978-7-5404-5801-0
定　　价：28.00元
（若有质量问题，请致电质量监督电话：010-84409925）